KB026418

우울의 바다에
구명보트 띄우는 법

오렌지나무 지음

우울의 바다에
구명보트 띄우는 법

우울증을 겪고 있는 이와
그 가족들을 위한 실전 매뉴얼

헤다

삶으로 다시 돌아올 수 있는 용기

_정여울 작가, 『나를 돌보지 않는 나에게』 저자

우울증을 폐렴이나 위장병처럼 평범한 질환으로 다룰 수만 있다면, 많은 사람들이 우울증을 치료하는 데 적극적인 태도를 보이지 않을까. 정신적 질병도 육체적 질병처럼 평등하게 다룰 수 있다면, 수많은 사람들이 지금보다 훨씬 행복한 삶을 살 수 있을 것이다. 우울증을 치료하는 데 가장 큰 걸림돌이 되는 것은 바로 '우울증이 진짜 병이 아니라는 편견' 때문이다. 이 책의 저자는 우울증이 무시무시한 힘으로 삶을 파괴하는 명백한 질병임을 무려 20년간 생생히 체험한 증인이다. 동시에 그는 그 참혹한 고통을 온몸으로 이겨 낸 승리자이기도 하다.

이 책은 병원의 도움과 약의 처방 없이 혼자만의 힘으로 우울증을 이겨 낸 저자의 눈물겨운 투쟁의 기록이다. 우울증을 치유하는 첫 번째 방법, 그것은 우울증이 분명히 치유할 수 있는 질병임을 믿기 시작하는 마음가짐이다.

이 책의 장점은 놀라운 솔직함과 충실한 묘사력이다. 저자는 꾸밈 없이 자신의 아픔을 고백하고, 그 아픔으로부터 놓여나는 과정을 생생하게 보여줌으로써 자신처럼 우울증으로 고통받는 사람들의 따스한 친구가 되어 준다. 그 과정에서 우울증의 두 번째 걸림돌은 바로 '나를 사랑하지 않는 나'라는 사실을 알게 된다.

우울증을 치료하고 싶다면 우선 자신에게 물어봐야 한다. 나는 과
연 나 자신에게 어떤 사람이었는지. 저자는 가슴 아프게 고백한다. 자
신은 스스로에게 가혹한 상사였고, 잔인한 심리상담사였으며, 나쁜 부
모였고, 심지어 스스로를 죽이려 했던 살인미수범이었다고 털어놓는
다. 자신과의 정직한 대면이 이루어진 뒤, 저자는 그렇게 부족한 자신
임에도 불구하고 '조금은 나를 사랑하는 나'를 만나게 된다. 나는 그렇
게 함부로 대접받아서는 안 되는 소중한 존재, 가슴 시리도록 사랑에
목마른 존재였음을 깨닫는 것이다. 우울증을 치유하는 두 번째 방법,
그것은 아주 조금이라도 나를 사랑할 수 있는 용기를 지니기 시작하는
것이다.

저자가 제시하는 우울증 치료의 여러 방법들은 바로 '삶으로 다시
돌아오는 용기'에 관련된 것이며, 그중에 하나는 바로 '내 불행은 내 환
경 때문이 아니라 내 우울증 때문'임을 인식하는 것이다. 또한 우울증
을 반드시 치료해야겠다는 강력한 의지와 더불어 타인에게 도움을 청
할 수 있는 용기가 필요하다. 저자는 주변의 도움을 받지 못해 어쩔 수
없이 혼자 치유를 해야 했지만, 다른 사람들은 부디 상담사나 의사를
비롯한 수많은 타인의 도움을 받기를 바란다.

스스로 셀프 심리 상담사가 되어 '마음의 체온을 재는 시간', '나 자
신을 돌봐 주는 시간', '공감하고 질문하는 시간'을 가지는 것이 시작이
다. 이젠 바보같이 그냥 당하지 않을 거라고 소리 내어 말하기. 다이소

에 가서 물건 3가지 사 오기, 도서관에서 산책하기, 유튜브를 보면서 뜨개질 배우기. '모두의 학교'에서 수업을 들으며 셔츠로 가방을, 자투리 천들로 원피스를 만들어 보기. 이 책에는 이런 아주 작은 '몸짓의 변화'만으로 우울증 치료의 돌파구를 마련할 수 있는 구체적인 방법들이 소개되어 있다.

　방에만 갇혀 있으면 절대 얻을 수 없는 무언가가 저 바깥 세상에 있음을 잊지 말자. 저자의 고백은 우리 마음속 깊은 잠재력을 일깨우는 희망의 목소리이기도 하다. "그때 저는 몰랐어요. 제가 치워 버린 게 바로 제 인생 자체였다는 걸." 우울증을 치유하는 세 번째 방법, 그것은 우울증으로부터 자유로워짐으로써 '잃어버린 인생을 되찾을 수 있다.'는 확신을 가지는 것이다.

　이 책을 통해 수많은 사람들이 행복한 삶의 모든 가능성을 빼앗아 가는 무시무시한 공포, 즉 우울증과 싸울 수 있는 소중한 무기를 되찾을 수 있기를….

목차

prologue

마취 없이
수술받을 수
있으시겠어요?

우울증이 어떤 병이냐고 묻는다면 전 이렇게 답할 것 같아요. 망치로 머리를 얻어맞으면서, 그렇게 피를 철철 흘리면서, 멀고 먼 도살장을 향해 걸어가는 소의 기분이라고. 온몸은 땀에 절어 있고, 반복되는 고통에 아무것도 생각할 수 없죠. 몸은 내 것이 아닌 듯 의지에 따라 움직여 주지 않아요. 주저앉고 싶지만 아직 살아 있기에 걸어야만 하죠. 오직 죽음이 빨리 찾아와 이 모든 것이 끝나길 바랄 뿐….

우울감과 우울증은 달라요. 우울감이 단지 기분이 가라앉고 의욕이 없어지는 상태라면, 우울증은 정신이 느끼는 통증이에요. 제가 경험한 우울증은 마음의 감기가 아니라 차라리 마음의 '복합부위통증증후군CRPS, 외상 후 장기적으로 이어지는 통증'에 가까웠어요.

우울증에 걸리면 부정적인 생각들이 끊임없이 떠올라요.
'네 인생은 이미 망했어. 네 얼굴과 몸뚱이를 보고도 밥이 넘어 가냐. 너 같은 걸 사랑해 줄 사람은 아무도 없어. 결국 평생을 초라하게 살다 쓸쓸하게 죽을 거라고.'
열등감, 불안감, 죄책감, 수치심. 이런 부정적 감정을 자극하는 생각들이 24시간 쉬지 않고 머릿속을 맴돌아요. 고통이 너무 커서 뇌의 다른 기능들은 전부 멈춰 버리죠. 집중력, 기억력 같은 것도 사라져 버리기 때문에 공부나 업무를 제대로 해낼 수도 없어요.

가장 크게 타격을 받는 것은 의지력이에요. 아직도 상당수의 사람들이 우울증을 의지로 이겨 낼 수 있다고 믿지만, 그럴 정도의 의지를 가지고 있는 사람은 '우울증에 걸리지 않은 사람' 뿐이에요. "네가 나 약해서 우울증에 걸린 거야, 의지력으로 이겨 내 봐, 노력을 하라고!" 라고 하는 사람이 있다면 이렇게 되묻고 싶어요. "의지력으로 마취 없 이 수술받을 수 있으시겠어요?"

우울증을 앓았던 지난 20년간, 저는 우울증이 가져다주는 고통 속 에서 매일같이 발버둥 쳤지만 빠져나올 방법이 없었어요. 제가 발견 한 유일한 출구는 자살뿐이었죠. 평생 이 고통을 겪으며 망가진 채 로 사느니 차라리 죽는 게 나을 것 같았거든요. 돌아보면, 저는 언제 나 살고 싶어 했어요. 하지만 당시엔 우울증이 없는 삶은 불가능해 보 였죠.

그러던 어느 날, 우울증이 사라졌어요. 정확하게 말하면, 지금도 우울증에 걸릴 만큼 절망적인 상황은 계속되고 있지만 제가 일방적 으로 우울증에 굴복하는 일은 일어나지 않아요. 제 안에 우울증에 저 항할 수 있는 마음의 면역 체계가 생겼으니까요. 처음에는 우울증과 열 번 싸워 한 번 이기는 정도였다면 지금은 아홉 번 정도는 이길 수 있 을 만큼 성장했어요. 이 글은 제가 약이나 외부의 도움 없이 마음의 면 역을 만들어 갔던 과정에 관한 이야기예요.

지난 2년간의 투쟁을 담느라 조금 긴 글이 되었어요. 편하게 자리 를 잡고 제 이야기를 들어 주세요. 고개가 끄덕여지는 부분도, 전혀 공 감할 수 없는 내용도 있을 거예요. 이 책을 다 읽었는데도 전혀 도움이 안 된다고 느낄 수도 있어요. 그래도 괜찮아요. 언젠가 아주 다급하게 무엇이라도 손에 꼭 붙잡고 싶을 때, 너무 절실하게 이 땅에 발을 딛고 싶을 때, 이 책의 한 문장이 그런 역할을 해낼 수 있다면, 그것으로 충분하니까요.

이제 제 이야기를 시작합니다.

2021년 5월 오렌지나무

part 1

먼저,
제 이야기부터
들려드릴게요

저는 우울증을 20년간 앓은
경력자입니다 ❖

이력서나 자기소개서를 쓸 때마다 우울증으로 인한 공백기를 어떻게 해명해야 할지 항상 고민이었어요. 다른 사람들 같으면 정상적으로 학교에 다니고 알바를 하고 이것저것 경력을 쌓았을 시기가 저에겐 거대한 공백으로 남아 있었으니까요. 사실 그건 아무것도 안 하고 날린 시간이 아니에요. 끝없는 고통 속에서 죽음과 맞서 싸운 투쟁의 시간이었죠. 하지만 사람들은 이해하지 못해요. 신체적인 병이라면 투병을 핑계로 댈 수 있겠지만 우울증은 그러기도 어려워요. 아직도 우울증은 입시에서든 취업에서든 터부시되는 병이니까요. 그래도 한 번쯤은 진짜 솔직한 이력서를 써 보고 싶었어요. 내 병이나 인생을 수치스러워하며 숨기는 대신 "나 이렇게 열심히 싸워 왔어!"라고 이야기하고 싶었죠.

제가 우울증을 앓았던 기간은 약 20년이에요. 초반엔 은둔형 외톨이 생활이 7년 정도 이어졌고, 자해 충동이 강했어요. 이후엔 뒤늦게 대학교에 입학하고 대학원에도 다녔는데 이때는 자해 대신 자살 충동이 수년간 계속되었죠.

우울증 증세는 고등학교를 자퇴하면서 시작되었어요. 중학교 때부터 계속되었던 왕따 문제로 학교를 다니는 게 힘들어졌거든요. 처음에는 혼자 공부를 계속하면서 대학에 진학할 계획이었죠. 그러나 학교를 그만두면서 급작스럽게 시작된 사회적 고립은 곧바로 감당할 수 없는 우울증으로 이어졌어요. 정해진 시간에 학교에 가고, 친하지는 않아도 대화를 나눌 친구가 있고, 집으로 돌아와 숙제를 하고 시험공부를 하는 일상의 틀은 정신 건강에 굉장히 중요한 거였어요. 이런 일상이 무너지자 정신도 같이 무너져 버렸죠.

우울증이 깊어지면서 외부에서 오는 자극들이 무척 아프게 느껴졌어요. 친구들의 일상적인 안부 문자나 전화는 비수가 되어 제 등에 꽂혔죠. 그래서 휴대폰을 없앴고 누구와도 연락을 주고받지 않았어요. 결국 나중엔 아예 집 밖으로 나가지 않는 은둔형 외톨이가 되고 말았죠.

심할 때는 우울증으로 인한 무기력증 때문에 침대에서 일어나는 것도, 숟가락을 들어 올리는 것도 힘들었어요. 집중력, 기억력도 점점 약해져서 머릿속이 텅 비어 버렸죠. 그러다 보니 공부를 할 수 없었고 친구들이 대학 생활을 하는 동안 저는 계속해서 n수생으로 남아 있게 되었어요. 우울증이 계속되는 한 공부를 못 할 테니, 결국 수험생 생활이 끝날 가망도 없는 거였죠.

_모든 것이 절망적이었어요.

그때는 무기력이 우울증의 증상이라는 것을 몰랐기 때문에 저는 자신이 지독하게 게으른 사람이라고 생각했고, 스스로를 혐오하기 시작했어요. 자기혐오가 심해질수록 우울증은 더 깊어졌고, 우울증이 깊어질수록 일상은 점점 더 무기력해졌죠. 이 끝없는 악순환 속에 저는 꼼짝없이 갇혀 버렸어요. 급기야 내 몸뚱이 또한 견딜 수 없어졌고 먹는 것도 죄스럽게 느껴졌죠. 어느 날은 숨을 쉴 수가 없었고, 어느 날은 잠을 잘 수가 없었어요. 결국 고통에서 벗어나기 위해 팔이나 다리를 칼로 긋는 자해 행동을 시작했죠. 하지만 절망과 고통에서 벗어나는 데 자해는 아무 도움도 되지 않았어요. 너무 고통스러워서 혼자 이불에 얼굴을 묻고 숨죽여 오열했죠. 아마 『해리포터와 아즈카반의 죄수』를 읽고 저만큼 '아즈카반'이라는 감옥의 고통을 이해했던 사람은 많지 않을 거예요. 우울증은 모든 희망을 삼켜 버리는 디멘터*와 같았으니까요.

그러다 우연히 대학교에 합격하면서 집 밖으로 나가게 되었어요. 계속되는 대입 실패 때문에 우울증이 생긴 거라고 생각했던 저는 대학만 가면 모든 고통이 사라질 줄 알았어요. 하지만 아이러니하게도 자기혐오는 대학에 다니면서 더 심해졌어요. 선배들에게도 누나라고 불리는 신입생, 고등학교를 자퇴한 은둔형 외톨이, 남들보다 한참 부족한 사회성, 못난 외모, 어색한 옷차림 등등. 게다가 또래들이 졸업할 때

---

* 해리포터 시리즈에 나오는, 이 세상에서 가장 더러운 생물체 중 하나. 원래 마법사들의 감옥 '아즈카반'의 간수였으나 나중에 죽음을 먹는 자들의 편으로 돌아선다. 절망, 슬픔, 고통 같은 부정적 감정의 집약체로 사람에게서 희망과 행복한 감정들을 빨아들이고 절망만을 안겨 주는 존재. 이들과 함께 있으면 다시는 행복해질 수 없을 것 같은 기분이 들며, 끔찍한 기억밖에 남지 않은 삶을 살게 된다.

쯤 입학하는 바람에 생긴 나이 문제는 평생 발목을 잡을 것만 같았죠. 이 모든 것들이 한데 뭉치자 열등감, 불안감, 죄책감, 수치심이 극에 달하기 시작했어요.

은둔형 외톨이일 때 경험했던 자기혐오는 사실 실체가 없었는데, 이제는 객관적이고도 합리적인 근거들이 여러 개 생긴 거였죠. 현실 세계에서 제 인생은 한참 뒤처져 있었고, 이미 망한 것처럼 보였기 때문에 저는 평범한 삶을 살아가는 모든 이들을 상대로 열등감을 느꼈어요. 내 존재가 부끄러웠고, 그래서 숨고 싶었고, 이미 망한 것이 분명한 삶을 꾸역꾸역 살아가는 것 같아 불행했죠. 그런 와중에 시험 기간이라도 닥치면 목을 맬 나무를 고르면서 숨이 넘어갈 정도로 울었어요.

_남은 답은 자살밖에 없는 것 같았죠.

이미 망해 버린 인생을 다시 일으켜 세우는 건 산을 옮기는 것만큼이나 불가능했어요. 그렇다고 망한 채로 비루한 삶을 연명하고 싶지도 않았죠. 죽고 싶지 않았지만 죽어야만 한다고 생각했어요. 어느 날인가부터 학교 가는 길에 눈물이 멈추지 않았어요. 슬퍼서 우는 게 아니라 그냥 눈물이 줄줄 흘러내렸죠. 더 이상 길을 건널 때 주위를 확인하지 않게 되었고, 결국엔 자살할 장소와 방법, 날짜 등 구체적인 계획까지 세우기 시작했어요.

지금 이 글을 쓰고 있으니 제가 자살에 성공하지 못한 것은 분명하겠죠. 제 인생에서 자살에 가장 가까이 다가갔던 그날, 저는 몇 가지 이유 때문에 자살 시도를 멈췄어요. 하나는, 살 수 있는 환경이 된다면 죽지 않고 살고 싶다는 제 마음의 소리를 들었기 때문이고, 다른 하나는 부모님 때문이었어요.

자살한 부모님의 시신을 본다면 어떤 기분이 들까요? 저라면 죽고 싶을 것 같아요. 제 부모님도 마찬가지겠죠. 자살은 부모를 죽이는 것과 같다는 걸, 제 부모님은 저의 시체를 보는 것보다 폐인이 된 저를 평생 부양하는 쪽을 택할 거라는 걸 그때 깨달았어요.

우울증의 마지막 계단을 밟고 나서 깨달은 이 사실들은 자살을 향한 제 의지를 완전히 꺾었어요. 물론 이후에도 자살 충동은 끊임없이 올라왔지만 변한 게 있었어요. 이제는 우울증의 고통을 참고 견디는 것에 의미가 생겼죠. 우울증에 맞서서 고통을 참아 내는 매 순간, 저는 부모님을 살리고 있는 거였으니까요.

그 뒤로 2~3년간 저는 삶과 죽음 사이에 갇힌 채 그저 버티고만 있었어요. 자살 충동이 올라오면 계단 난간이든, 의자 팔걸이든, 내 손목이든, 꽉 붙들고 이를 악물었죠. 고통이 모든 감정을 말려 버리는 바람에 더 이상 울지도 못했어요. 죽음을 기다리는 말기 환자처럼, 당시에 전 한 줌 햇살에 모든 것을 내맡기고 겨우 숨만 쉬고 있었어요.

자살은 가족에 대한
살인이에요 🌿♣

　세상에서 가장 살고 싶어 하는 사람은 아마 자살을 준비하는 사람일 거예요. 죽음 바로 앞에 서면 그동안 우울증이 씌워 놨던 막이 한순간에 벗겨지고 삶이 가진 아름다움이 하나둘 드러나기 시작하죠. 자살할 날을 정해 놓고 이런저런 준비를 할 당시 저는 마치 사형집행을 기다리는 사형수 같은 심정이었어요. 살고 싶은 마음도 간절했지만 한편으론 죽고 싶다는 마음 또한 너무 확고했죠. 우울증의 고통으로 제대로 된 생각과 판단을 할 수 없는 상태였어요.

　죽기로 한 날, 저는 마지막으로 도서관에 가서 제 마음을 돌이켜 줄지도 모르는 책을 한 권 빌렸어요. 자살자의 유가족들이 쓴 책이었죠. 돌아오는 길엔 문구점에 들러 점토도 샀어요. 엄마를 위해 저를 닮은 인형을 만들어 남길 생각이었죠. 엄마는 제가 만든 건 뭐든 의미가 있다며 소중하게 간직하셨어요. 생일 때도 백화점에서 사 온 지갑이나 가방보다 제가 점토로 만든 펭귄이나 바느질로 만든 코끼리 인형 같은 것들을 더 좋아하셨죠. 엄마에게 드리는 마지막 선물이 될 텐데 뭐가 좋을까 고민하다 저는 '저'를 선물하기로 마음먹었어요. 내가 이 세상에서 사라지더라도 나를 닮은 인형을 보면 조금이라도 위로가 되지 않을까, 이런 마음이었죠.

인형의 반은 눈물일 정도로. 손톱으로 눌러서 눈과 눈썹, 코와 입을 만들었는데 그건 지속되는 고통으로 찢겨져 나간 제 얼굴이었어요. 인형을 담을 관도 만들었어요. 플라스틱 상자에 점토를 씌우고 아크릴 물감으로 덧칠을 했죠. 제가 죽은 다음에 이 인형을 보면서 우실 엄마를 생각하니 눈물이 멈추질 않았어요. 그런데도 자살하고 싶다는 마음이 사라지지는 않더라고요. 그래서 마지막으로 자살 유가족에 관한 책을 읽었어요.

사고로 가족을 잃은 유가족들을 욕하는 사람은 아무도 없어요. 그런데 어떤 이가 자살을 하면, 슬픔과 고통 속에서 자식의 시신을 수습하는 부모를 보며 이렇게 수군거리죠. "쯧쯧, 아파트 값 떨어지겠네. 왜 여기서 자살을 하고 난리야.", "정신병이 있었나 보지?", "저 사람이 아버지야? 애를 어떻게 키웠길래 자살을 해.", "술 처먹고 자식 패고 그런 거 아냐?", "화단이 지저분해졌네. 피 냄새가 진동을 하는데, 저걸 누가 다 치운대.", "아, 재수 없어.", "저 집안사람들 다 정신병자 아냐? 우리 아파트에 계속 살게 놔둬도 되는 거야?"

자살로 가족을 잃은 유가족들이 겪어야 하는 고통은 이게 끝이 아니에요. 죽을 때까지 마음속으로 한 가지 질문을 되풀이하게 된다는 것, 어쩌면 이게 남겨진 가족들에겐 가장 끔찍한 고통일지도 몰라요. 내 자식, 내 배우자, 내 부모가 그런 극단적인 결정을 하게 된 것이 나 때문은 아닐까….

자살자 본인에게는 자살이 모든 고통의 끝일지 몰라도 남겨진 가족들에게는 지옥문이 열리는 '시작'이에요. 어떤 의미에서 자살은 가족에 대한 살인이라고 할 수도 있는 거죠. '고통 불변의 법칙'이라 불러야 할까요. 자살자의 고통은 남은 유가족의 고통으로 전환될 뿐 결코 이 세상에서 사라지지 않아요.

> _책을 읽으며 저는 자살하면 안 되는 이유를
> 드디어 찾아냈어요.

아무리 쓸모없어 보이는 인생이라도 단 하나의 의미는 있는 거였어요. 제가 자살하지 않고 어떻게든 견디면 저의 가족은 자살 유가족들이 겪어야 하는 고통을 피할 수 있으니까요. 내 시체를 수습하면서 부모님이 남들의 수군거림을 듣지 않아도 된다는 것만으로도 내 삶은 의미가 있다, 이런 생각을 하게 되었죠.

어쩌면 제가 우울증에 처음으로 맞서 싸우기 시작했던 건 바로 이날이었을지도 모르겠어요. 그전까지는 우울증이 때리면 맞고만 있었거든요. 우울증이 저에게 "너는 병신이야!"라고 말하면 전 스스로가 그렇다고 믿었어요. 우울증이 저를 절벽 끝에 세우면 떨어져야 한다고 생각했죠. 하지만 이번에는 저항했어요. 어떻게 살아야 될지 정말 모르겠지만, 그런 제게도 이젠 살아야 하는 강력한 이유가 생겼으니까요.

물론 우울증이 계속 죽으라고 등을 떠미는 상황에서 '살아남기'라는 목표를 이루는 건 생각처럼 쉽지 않았어요. 우울증은 계속 제게 이렇게 말했거든요. "너의 부모님은 너를 부담스러워해. 차라리 네가 죽어 눈앞에서 사라지는 걸 바랄지도 모르지. 그게 모두가 다 편안해지는 길일 수도 있어."

실제로 우울증으로 범벅된 제 인생을 함께 견디다가 아빠에게도 우울증이 찾아오고, 그런 아빠가 어느 날 "너 때문에 죽고 싶다."고 말했을 때, 그 순간엔 다 놓아 버리고 싶기도 했어요. 하지만 그럴 때마다 자살 유가족에 관한 책을 보면서 부모님이 하는 독한 말들은 모두 진심이 아니라고 스스로를 세뇌시키며 버텼어요.

자살 유가족들이 쓴 에세이 모음집이 있어요. 제목은 『사랑하는 사람을 먼저 보낸 네 사람의 이야기』(푸른역사)예요. 첫 번째 이야기는 아들을 떠나보낸 아버지의 사연으로 시작하죠. 아버지는 아들을 사랑했기 때문에 험한 세상을 살아갈 수 있도록 강하게 키웠어요. 그래서 사랑을 표현하기보다 다그치거나 몰아붙이는 경우가 더 많았죠.

어느 날 아들은 자신을 질책하는 아버지에게 이렇게 물어요. "아버지, 제가 부담스러우세요?" 아버지는 그 말을 듣고 그동안의 행동들을 후회했지만 그 자리에서 바로 "그렇지 않다."고 말해 주지는 못했어요. 바로 그날, 아들은 아파트 옥상에서 몸을 던졌죠. 아버지는 그때의 심정을 이렇게 쓰고 있어요.

정신을 잃을 것 같았다. 못 살 것 같았다. 나도 바로 죽어야지 하는 생각이 들어 아이를 놔두고 엘리베이터로 갔다. 그런데 그때 딸애가 엘리베이터에서 내리면서 나를 부둥켜안았다. 나도 같이 딸을 안았다. 비로소 울음이 나왔다. 울고 나니 좀 정신이 났다. 우선 화장실에 가서 피부터 닦았다. 피가 물을 타고 세면대로 흘러내렸다. 내 새끼의 피가….

(중략)

막상 장례가 끝나자 장례식 때 느꼈던 고통은 아무것도 아니었다. 눈을 뜨면 송장만 살아 있었고, 눈을 감으면 아들 생각이 났다. 거리를 걸어갈 때는 높은 곳을 쳐다보다가, 바닥을 쳐다보다가, 다시 높은 곳을 쳐다보다가 바닥을 쳐다보다가…, 왜, 왜, 왜를 외쳐야만 했다.

(중략)

나는 몇 달 동안을 아이가 죽은 이유를 찾기 위해 헤매고 다녔다. 무슨 이유로, 어떤 이유로, 왜 그런 극단적인 선택을 했던 것일까?

(중략)

내가 죽어 저세상으로 가면 아들이 마중을 나올 것이다. 나는 단연코 아들을 만날 수 있을 것이라 확신한다. 그때 아들 손을 잡고 이렇게 말할 것이다.

'내 아들아, 이제는 손잡고 같이 가자. 목적지가 어디든.'

나가 죽으라고, 나한테는 네가 다니는 대학이 중요하지 네가 중요한 게 아니라고 말했던 저희 아빠도 속마음은 이렇겠죠. 사람들은 왜 이런 이야기를 죽은 다음에야 말해 주는 걸까요….

우울증에 맞서 싸우기로 한
또 하나의 이유 ❀·

    우울증을 이대로 내버려 둘 수 없겠다고 생각한 또 하나의 이유는 육체적인 병 때문이었어요. 우울증과 함께 살아간다는 것은 24시간 계속되는 심각한 스트레스를 견디는 일이기 때문에 신체적인 병도 어쩔 수 없이 따라오게 돼요. 저도 20대 후반이 되면서부터는 매일 자살을 생각할 만큼 병이 깊어서인지 조금씩 아픈 곳이 생기기 시작했어요.

    폐렴에 두 번이나 걸려 입원했고, 시야가 흐려지고 빛 번짐과 눈부심이 심해져 보는 것도 불편해졌어요. 등과 가슴을 짓누르는 듯한 원인을 알 수 없는 통증에 시달렸고, 자궁근종이 생겨 수술까지 받아야 했어요. 잊을 만하면 재발하는 역류성 식도염이 생겼고, 대장 쪽도 탈이 났는지 복통이 몇 달째 지속되기도 했죠.

    가장 무서웠던 건 '돌발성 난청'이었어요. 갑자기 찾아온 난청 때문에 하마터면 한쪽 청력을 잃을 뻔했죠. 원인을 알 수 없는 상황이라 의사는 스트레스를 피하고 절대 안정하라 했는데, 제 생각엔 우울증으로 인한 스트레스 때문이었던 것 같아요.

_우울증을 해결하지 않으면
청력을 잃을 수도 있는 상황이었죠.

돌발성 난청만큼 무서웠던 게 바로 '이명'이에요. 난청과 동반해서 오는 경우가 많은데, 청력을 어느 정도 회복하더라도 이명은 계속 남아 있는 사람들도 있어요. 쇠를 깎는 소리 같은 날카로운 이명이 하루 종일 들려서 잠을 잘 수 없는 사람들도 있다고 해요.

우울증이 이렇게 무서운 결과로 이어질 수 있다는 걸 그때 새삼 깨달았어요. 우울증에는 정말 바닥이 없구나 하는 생각이 들었죠. 다음번에는 어떤 병이 찾아올까, 두려워지기 시작했어요. 정상적인 몸으로도 우울증을 견디기 힘든데 장애까지 생기고 나면 그땐 어떻게 해야 하나…. 자살은 하지 않기로 했으니 살긴 살아야 하는데, 그러려면 병이라도 없어야 했죠. 몸이든 마음이든 치료할 돈도 넉넉하지 않았거든요. 그때서야 우울증이 몸과 마음 모두를 파괴하는 병이라는 걸 깨달았어요. 살기 위해서는 어떻게든 우울증에서 벗어나야 했죠. 우울증과 평생 공존하면서 그럭저럭 살아간다는 선택지는 애초부터 불가능했던 거예요.

그러고도 정신 못 차리다가 몇 년 뒤 두 번째로 난청과 이명이 찾아왔을 때, 저는 우울증에서 벗어나기로 결정했습니다.

우울증 환자는
우울증이 병인 줄 몰라요 ♣.

제가 우울증에서 벗어나기 위해 가장 먼저 했던 행동은 우울증을 병으로 인식하기 시작한 거였어요. 우울증이 병인 건 당연한 거 아냐? 아마 이렇게 생각하는 사람들도 많을 거예요. 하지만 뜻밖에도 상당수의 우울증 환자들이 우울증을 치료해야 되는 병이라고 인식하지 못해요.

우울증에 걸리면, 눈을 뜨면서부터 잠들 때까지 '우울증 회로'를 통해 세상을 바라보고, 생각하고, 느끼게 돼요. 어제까지만 해도 긍정적이었던 사람에게 갑자기 이런 증상이 나타나면 이게 병이라는 것을 인지할 수 있지만, 전 너무 오랜 기간 우울증을 앓았기 때문에 자신이 병에 걸렸다는 걸, 그래서 '우울증 필터'로 세상을 보고 있다는 걸 인식하지 못했어요. 저뿐만 아니라 대다수 환자들이 자기가 실제보다 더 못생겨 보이고, 더 멍청하게 느껴지고, 더 무능력하게 여겨지는 게 우울증 때문이라고 생각하지 못해요.

그래서 제가 제일 먼저 한 게 이 모든 것들이 우울증이라는 병 때문이라는 걸, 객관적인 현실은 내가 느끼는 것보다 항상 더 낫다는 것을 인정하는 일이었어요. 나는 내가 생각하는 것보다 훨씬 괜찮은 사람이고, 훨씬 예쁘고, 훨씬 성격 좋고, 훨씬 똑똑한 사람이라고. 믿기 어려웠지만 그렇게 생각하려고 노력했죠.

우울증에서 많이 회복된 지금 생각해 보면 그건 진짜 사실이었어요. 그때의 나는 지금의 나보다 더 어렸고, 더 많은 기회가 있었죠. 그때 제 인생은 지금의 기준으로 보자면 결코 망한 게 아니었어요. 성격도 생각보다 괜찮았고 사회성도 좋았어요. 실제로 전 많은 일들을 해냈고, 능력 있는 사람이었죠.

_그런데 그때는 이 모든 것이 전혀 보이지 않았어요.
우울증 때문이었죠.

외모 콤플렉스도 마찬가지예요. 똑같은 거울로 보는데도 외모에 대한 평가는 우울증 전과 후가 극명하게 달라요. 이런 사실을 인식한 후부터 전 자신이 못생겨 보일 때마다 '그분이 오셨군.' 이렇게 생각해요. 이 모든 게 우울증 때문이란 걸 알기에 이젠 외모 콤플렉스가 더 이상 자기혐오로 이어지지 않아요. 우울증의 먹이가 되는 생각 하나는 이렇게 사라졌죠.

우울증에서
낫고 싶지 않은 마음 🌿

우울증에서 벗어나는 과정에서 생각지도 못한 복병 하나를 만났어요. 바로 우울증에서 회복되고 싶지 않은 마음이었죠. 우울증이 병이라는 걸 아는 환자들 중에도 병에서 회복되기를 바라지 않는 경우가 많아요. 우울증에서 회복된 이후 맞닥뜨려야 하는 현실이 더 무섭기 때문이죠.

우울증은 어떤 의미에서는 보호막 역할도 해요. 인생이 이미 끝났다고 생각하면 현실을 외면할 수 있으니까요. 이미 돌이킬 수 없을 정도로 인생이 망해 버렸기 때문에 복구하려는 노력조차 할 필요가 없는 거죠. '그래, 나는 무능해서 시험에 떨어진 거야. 머리가 나쁜 걸 나더러 어쩌라고?', '그래, 이번 직장에서도 적응 못 할 줄 알았어. 원래 사회부적응자로 태어났는데 사회생활을 제대로 할 수 있겠어?' 이렇게 현실에서 도망쳐 다시 우울증 속으로 깊게 침잠해 버리면, 신기하게도 더 이상 현실이 고통스럽지 않거든요.

근데 우울증이 나으면 어떻게 될까요? 우울증 때문에 하지 못했던 공부나 일을 다시 시작해야 하고 사람들도 다시 만나야 해요. 더 나아가 우울증 때문에 생긴 인생의 공백을 메꾸기 위해 남들보다 몇 배 더 노력해야 하죠. 아프기 전, 치열하게 노력했을 때도 따라잡기 힘들었는데 한참 뒤처진 지금 다시 시작하려면 얼마나 힘이 들까요? 이미 패배한 싸움을 위해 남들보다 몇 배 더 노력해야 할 때 느껴지는 절망감은 우울증 못지않게 고통스럽죠. 그러느니 차라리 '이번 생은 망했어!' 하고 포기해 버리는 것이 더 쉬워요. 저도 그러고 싶었어요.

_하지만, 몸이 아픈 걸 넘어 신체적 장애가
생길 수도 있는 상황을 마냥 방치할 수만은 없었어요.

우울증에도 불구하고 여전히 살아가기로 결정했다면, 우리는 병과 장애를 피하기 위해서라도 남들보다 더 노력해야 해요. 정신적으로 건강한 사람들은 병과 장애를 견딜 수 있는 힘을 어느 정도 가지고 있어요. 하지만 우린 그렇지 않죠. 우울증 환자들은 양치질을 하다가도, 신발 끈을 묶다가도 '자살해 버릴까?' 할 만큼 멘탈이 바스러진 사람들이에요. 거기에 신체적인 병까지 더해진다면 어떨까요?

우울증을 방치하는 것은 "나는 앞으로 나에게 찾아올 온갖 병과 신체적 장애를 받아들이는 동시에 우울증의 고통을 밑바닥까지 경험하다가 자살로 생을 마감하겠다."고 말하는 것과 같아요.

저 또한 우울증에서 낫고 싶지 않은 마음이 강했지만, 장애가 생긴 후에 후회하고 싶지는 않았어요. 선택의 여지가 없었죠. 우울증에서 벗어나는 것, 그것이 제게 남은 단 하나의 길이었어요.

고통의
반대 방향으로 걷기 ✿·

　이쯤 되면, 누가 우울증에서 벗어나고 싶지 않아서 고통받고 있겠냐고 물어볼 수 있을 것 같아요. 우울증이 건강에 해롭다는 것도 다 알고, 우울증이 나아야만 살 수 있다는 것도 다 아는데, 그게 안 되니까 이러고 있는 거 아니냐고 말이죠. 또 그동안 우울증을 치료하기 위해 온갖 방법을 시도해 보고 진짜 열심히 투쟁하신 분들도 많을 거예요.

　저도 비슷했어요. 뭘 해도 우울증에서 벗어날 수 없다는 결론을 내렸기 때문에 자살할 수 밖에 없다고 생각했던 거였죠. 그런데 9999번쯤 실패하고 마지막이다 싶었을 때 방법을 좀 바꿔 봤어요. 의지력은 하나도 필요 없는, 아주 단순한 방법이었죠.

　영화 <해피 어게인>에는 아내와 사별하고 깊은 우울증에 빠진 주인공이 나와요. 어린 아들을 돌봐야 했던 그는 심리 상담, 약물, 전기 자극 치료까지 할 수 있는 것은 다 시도하지만 아무 소용도 없었죠. 결국 그런 그를 회복시킨 건 온갖 치료들이 아니라 우울증에서 벗어나야겠다는 그의 '결심'이었어요. 산송장처럼 살아가던 그는 자신 때문에 우울증에 걸린 아들이 자살하고 싶다고 말하는 걸 듣고는 우울증에서 벗어나야겠다고 결심을 해요. 그리곤 다음날 사랑했던 아내의 물건들을 모두 태워 버리고 자기에게 관심을 보이던 동료 교사에게 데이트 신청을 하죠. 물론 그런다고 그가 아내를 깨끗이 잊어버리게 된 건 아니에요. 우울증이 모두 나아서 곧바로 행복해진 것도 아니고요. 다만 아들을 위해서라도 살아야 했던 그는 '우울증의 반대 방향'이라면 그것이 어디로 통하는 길이든 일단 걸어가 보기로 했던 거죠.

20년 가까이 우울증을 앓는 동안 저는 단 한 번도 우울증에서 벗어나야겠다는 결심을 한 적이 없어요. 제가 이토록 괴로운 이유는 우울증 때문이 아니라 망가진 인생 때문이라고 여겼죠. 현실을 못 바꾸니 우울증에서 벗어나는 것 또한 불가능하다고 믿었어요. 이렇게 원인과 결과가 뒤바뀐 채, 우울증 치료보다 '마음에 들지도 않고 그렇다고 바꿀 수도 없는 현실'에만 매달렸죠. 그래서 시도했던 것들 또한 대부분 시험 합격을 위한 공부법 등 현실 자체를 개선하려는 노력들이었어요.

하지만 이번에는 좀 달랐어요. 인생은 망했을지 몰라도 우울증은 나아야겠다고 결심했어요. 통제할 수 없는 현실은 내버려 두고 오로지 우울증에만 집중하기로 했어요. 현실이 여전히 시궁창이라 해도 우울증만 없다면 나름 씩씩한 시궁쥐로 살 수 있을 테고, 그거면 충분하다고 생각했죠.

_그래서 저는 무조건
우울증의 반대 방향으로 걸어갔어요.

우울증이라는 병 자체를 상대하려고 하지 마세요. 그러면 너무 막막해서 무력감만 느낄 뿐이에요. 우울증의 원인을 찾아내 제거하려는 것도 의미가 없어요. 오히려 원인이라고 지목된 과거의 상처들과 부정적인 감정들에 휩쓸려 다시 그 안으로 빨려 들어가게 돼요. 그보다는 각개격파 작전이 훨씬 효과적이에요. 현재 나를 고통스럽게 만드는 것들이 무엇인지 찾아내세요. 만일 그 고통들이 100개라면, 먼저 하나를 해치우는 것부터 시작하면 돼요.

저도 스스로에게 이렇게 물었어요. "지금 너를 고통스럽게 하는 게 뭐야?" 우울증으로 인한 부정적인 생각들로 고통스럽다는 답이 나왔을 때, 전 생각을 멈추기 위해 무작정 걸었어요. 몸이 죽을 만큼 고통스럽고 피곤하면 생각 자체가 떠오르지 않을 테니, 차라리 걷다가 쓰러져 죽자고 생각했어요.

하고 싶지도 않고, 되지도 않는 공부 때문에 고통스럽다는 답이 나왔을 때는 딴짓을 하러 다녔어요. 영화를 보고, 도시농부학교에 가서 농사를 짓고, 춤도 배우고, 도자기도 만들고, 떡 만드는 법도 배웠죠. 그러는 동안 목표로 했던 시험에 두 번이나 떨어졌지만 그런 현실적인 생각은 접어 두고 오로지 '고통의 반대 방향'으로 가기 위해 실컷 놀았어요.

목구멍까지 가득 차오른, 얼음처럼 차가운 외로움 때문에 고통스럽다는 답이 나왔을 때는 사람들을 만나러 갔어요. 성북의료복지사회적협동조합의 '주민건강리더 양성 프로그램'을 통해 사람들을 만나 이야기를 나누었고, 청년재단과 공감인에서 마련한 '비자립청년 마음 치유 프로젝트'에 참여해 비슷한 상황에 놓인 또래 친구들을 사귀었죠.

시험에 계속 실패해 고통스럽다는 답이 나왔을 때는 목표로 했던 직업을 버리고 새로운 길을 모색했죠. 그러다 지금 가장 하고 싶은 일이 뭔지 스스로에게 물어보았어요. 답은 "나와 다른 사람들의 마음을 치유해 주고 싶다."였어요. 그래서 상담심리사를 목표로 대학원도 알아보고 공부를 시작했죠.

고통의 반대 방향으로 가고 싶어도 그럴 힘이 없다고, 이렇게 말하는 이들도 분명 있을 거예요. 저도 처음에는 그랬어요. 맨 처음에는 '부정적인 생각을 잠재우기 위해 걷는 것' 딱 그 한 가지만 가능했죠. 걷다가 죽겠다는 심정으로 몇 달 하다 보니 부정적인 생각들이 더 이상 날뛰지 않았어요. 그러자 그 틈 사이로 뭔가를 시도할 힘이 조금씩 생겨났죠. 그 힘으로 다시 몸과 정신을 피로하게 만들기 위해 이런저런 프로그램을 신청했고요. 거기서 새로운 재미들을 찾게 되자 마음 한편에 살고 싶다는 의욕이 생기기 시작했죠. 사람들을 만날 용기도 함께요.

_그런 식으로 회복은 2년간 천천히 계속되었어요.

그동안 현실은 더 나빠졌으면 나빠졌지 좋아지지 않았어요. 그럼에도 저는 우울증에서 회복될 수 있었죠. 가끔씩 발목이 잡히기도 했지만 그럴 때조차도 문제는 현실이 아니라 우울증 필터라는 걸 자각할 수 있었어요. 예전 같으면 우울증에 잠식당해 아무것도 못 하는 상태가 몇 년씩 계속되었겠지만, 이젠 힘든 일이 있어도 1~2주 정도 괴로워하다 다시 삶의 활력을 찾고 앞으로 나아가요. 처음부터 현실과 우울증은 별개였던 거예요.

현실이 시궁창이라도 내가 행복할 수 있는 방법은 있어요. 우울증에서 벗어나기로 결정하면 벗어날 수 있는 이유가 바로 이거예요. 현실은 바꿀 수 없지만 고통의 반대 방향으로 가는 것은 얼마든지 가능하니까요.

정신과 치료를
받지 못한 이유 ❖.

가끔 이런 질문을 받을 때가 있어요. "약물 치료를 왜 안 받으셨어요?" 사실은 안 받은 게 아니라 못 받은 거예요. 자살 충동이 심할 때는 '입원해서 치료받으면 이 끔찍한 고통에서 벗어날 수 있지 않을까?' 하는 생각을 하기도 했어요. 하지만 입원비가 만만치 않았고 학자금 대출도 쌓여 있었죠. 제게 남은 선택지는 다시 은둔형 외톨이 생활로 돌아가는 것뿐이었어요.

정신과 진료에 대한 거부감 같은 건 없었어요. 정신과 진료가 가져다주는 꼬리표에 대해 모르는 건 아니었지만 어차피 이대로 갔다가는 '미래'라는 것 자체가 사라질 상황이었어요. 꼬리표가 붙든지 낙인이 찍히든지 하려면 일단 살아 있어야 하는데 당시엔 앞으로 얼마를 더 버텨 낼 수 있을지, 그게 하루일지 이틀일지조차 알 수 없는 상황이었죠. 그런 상황에서 거부감은 무슨…. 하루는 진료 예약을 하려고 전화번호를 누른 적도 있고, 어느 날은 병원 유리문 앞까지 갔다가 돌아온 적도 있어요.

_하지만 전 끝내 병원 안으로 들어가지 못했죠.

솔직히 그 이유를 지금도 잘 모르겠어요. 어쩌면 낯선 사람에게 수치스러운 얘기들을 해야 한다는 게 힘들었을지도 모르죠. 그때는 사람들로 가득한 거리를 걸어가야 한다는 생각만으로도 쓰러질 것 같았으니까요. 가족들이 적극적으로 병원에 데려가 주고 치료를 지지해 주었으면 하는 마음은 간절했지만, 아빠는 제 우울증 자체를 받아들이지 못했고 병원 치료에도 거부감을 갖고 있는 상태였어요.

결국 지난 2년간 제가 우울증에서 벗어나기 위해 해 온 방법들은 약물 치료를 대체하기 위한 저만의 고육지책들이에요. 하지만 이런 방법에도 좋은 점은 있어요. 앤드류 솔로몬은 자신의 저서 『한낮의 우울The Noonday demon』(민음사)에서 이렇게 말했죠.

가벼운 우울증을 약물 치료의 도움 없이 이겨 내는 데는 몇 가지 이점이 있다. 우선 자신의 화학적 불균형을 화학적 의지를 통해 바로잡을 수 있다는 인식을 얻게 된다. 뜨거운 석탄 위를 걷는 법을 배우는 것 또한, 고통이라는 피할 수 없는 신체적 화학 작용으로 보이는 것에 대한 두뇌의 승리이며 위대한 정신력을 발견하는 짜릿한 방법이다. 이것은 있는 그대로의 자신을 받아들이고 외부의 도움 없이 자신의 내적인 장치들을 통해서만 자신을 재건하는 것이다.

이 말은 투병하는 내내 제게 큰 힘이 되어 주었어요. 약물의 도움 없이도 자신을 재건하는 것이 가능하다는 뜻이니까. 이 말을 굳게 믿고, 저는 뜨거운 석탄 위를 걷는 법을 배우기로 했죠. 하지만 전 이 글을 읽는 모든 분들에게 가능하다면 병원 진료를 권하고 싶어요. 당사자가 의지가 없다면 가족들이라도 적극적으로 개입해 줬으면 좋겠어요. 우울증은 사람들이 생각하는 것보다 훨씬 무서운 병이에요. 우울증에는 바닥이라는 게 없거든요. 방치했다가는 저처럼 20년의 세월을 날릴 수도 있어요. 어쩌면 사회 활동도 못 하고 대인관계까지 모두 단절된 상태로 평생을 살아야 할 수도 있죠. 고통 끝에 자살로 생을 마감할 때까지 말이에요. 사람들은 징역 20년이나 종신형 같은 것들은 무서워하면서 방치한 우울증이 징역 20년이나 종신형과 같이 될 수도 있다는 건 잘 모르는 것 같아요.

앞으로 이야기할 여러 방법들을 통해 결국 저는 우울증에서 벗어날 수 있었지만, 동시에 이 방법들이 효과가 있었던 배경에는 우울증으로 겪은 지난 20년간의 고통이 있었다고 생각해요. 인생이 끝없이 추락하고, 매 순간 머리를 태워 버릴 것 같은 고통에 장장 20년간 시달린 끝에야, 저는 자신을 고통스럽게 만드는 생각들을 마주 보고 그것들을 버릴 용기를 낼 수 있었어요.

저는 이 고통을 누구에게도 권하고 싶지 않아요. 마취가 가능하다면 마취 없이 수술을 받을 이유가 없잖아요. 약물이 효과가 있다면 굳이 20년의 세월과 인생을 버릴 필요가 있을까요? 약의 도움을 받으면서 이 책에 나온 방법들을 함께 해 나가는 게 더 건강하고, 더 안전한 방법이지 않을까 해요.

온갖 약을 시도해 봤어도 효과를 보지 못했거나 부작용이 심했던 분들이라면 어쩔 수 없이 저와 같은 길을 가야 할 거예요. 불 위를 한 걸음 한 걸음 걸을 때마다 고통으로 몸부림치며 끊임없이 자살 충동과 싸워야 하겠죠. 하지만 우린 이미 고통에 이골이 난 사람들이잖아요. 우리는 이미 오랜 시간을 뜨거운 석탄 위에서 뒹굴어 왔잖아요.

_그렇다면 걷는 것쯤이야, 충분히 해낼 수 있어요!

대신 얻게 될 보상도 커요. 마음의 면역 체계를 세울 때 고통의 경험도 큰 도움이 되거든요. 고통이 느껴지는 바로 그 지점이 우리가 반창고를 붙여야 할 곳이니까요. 고통을 따라가다 보면 내 마음의 어떤 부분을 고치고 수리해야 할지 알 수 있게 되는 거죠.

우울증을 이기고 스스로를 재건해 내는 건 올림픽에서 금메달을 따는 것만큼이나 어렵고 대단한 일이라고 생각해요. 우리가 자살 충동을 이겨 내기 위해 흘린 땀은 선수들이 메달을 얻기 위해 흘리는 땀 못지않게 가치가 있죠. 가능하다면 약의 도움을 받아서, 불가능하다면 혼자 힘으로라도 우리 모두가 이 경기에서 우승했으면 좋겠어요. 지금 당장은 해낼 수 없을지라도 마음의 근육을 더 키워 나가다 보면 언젠간 반드시 그렇게 될 거라는 걸, 이제 전 알아요.

part 2

당신은
당신의 상처보다
크고 강해요

나를 사랑하려면
에너지가 필요해요 ❖

　누군가 조건 없이 나를 사랑해 주고, 무슨 말과 행동을 하든 전적으로 믿어 주고, 절망의 늪으로 빠져들 땐 언제나 손 내밀어 주고, 살아 있는 것만으로도 고맙다고 말해 준다면…. 그런다면 우울감에 빠지더라도 금방 되돌아 나올 힘이 생기겠죠? 근데 솔직히 말하면 '누군가'라는 건 가짜예요. 이건 모두 우리가 자기 자신에게 해 줘야 하는 일이니까요. 하긴 우리가 스스로에게 이렇게 해 줬다면 우울증에 걸리지 않았겠죠.

　자기 자신을 사랑하는 건 어려운 일이에요. 저 또한 인터넷에 '나를 사랑하는 방법'이라고 아무리 검색해 봐도 답을 찾지 못했어요. 그런데 곰곰이 생각해 보면 자신뿐만 아니라 누군가를 사랑하는 건 원래 어려운 일이에요. 사랑이라는 행위에는 많은 에너지가 필요하거든요. 연락도 자주 해야 하고, 상대의 기분에 일일이 신경 써 줘야 하고, 눈에 거슬리는 단점도 참아 줘야 하고, 관계 유지를 위해 시간과 노력도 많이 투자해야 하죠.

　그런데 마음의 여유가 없으면 이렇게 하기가 어려워요. 일주일 내내 야근하느라 쓰러질 지경인데 남자 친구가 깜짝 이벤트 해 준답시고 자기 집까지 지하철 타고 오라고 하면 짜증부터 나겠죠. 우울증에 걸린 사람이 자기 자신을 사랑하기 어려운 것도 이와 비슷해요. 우울증으로 인해 에너지가 바닥나 있기 때문에 자신을 사랑할 힘조차 없는 거죠.

_결국 자기 자신을 사랑하기 위해서는
에너지부터 채워야 해요.

에너지를 충전하는 방법은 우울, 불안감을 잠시라도 가라앉혀 줄 일들을 많이 하는 거예요. 끊임없이 솟아오르는 우울과 불안이 우리 안의 에너지를 계속 갉아먹기 때문에 일단 그것부터 가라앉혀야 하거든요. 근데 우울감, 불안감은 부정적인 생각을 먹고 자라는 경우가 많아요. 그래서 생각을 줄이면 우울감, 불안감도 같이 줄어들게 되죠. 다행스럽게도 몸과 마음은 연결되어 있기 때문에 몸을 혹사시키면 생각할 기운이 줄어 자연스럽게 부정적인 생각도 줄어요. 앞에서 말씀드린 것처럼 저 같은 경우는 부정적인 생각을 줄이기 위해 죽을 각오로 걷고 또 걸었어요.

집에서 나올 힘조차 없는 상태라면 좋아하는 게임을 하거나 드라마나 영화, 유튜브 채널 등을 보는 것도 방법이에요. 물론 우울증 상태에서는 아무것에도 관심과 흥미가 생기지 않을 거예요. 하지만 이럴 때라도 억지로 뭔가를 보는 게 도움이 돼요. 일단 뭔가를 보고 있으면 우울과 불안을 끌어 올리는 생각들을 교란시킬 수 있거든요. 6시간 이상 뭔가를 보고 나면 나중에는 몸도 정신도 피곤해져서 생각할 기운이 남아 있지 않게 돼요. 나를 사랑하기 위해서는 이렇게 우울과 불안을 내쫓은 후 그 빈틈을 비집고 올라오는 에너지를 비축해야 해요.

몰랐겠지만,
우린 스스로를 사랑하고 있어요 ❁·

그런데 스스로를 사랑하는 일에는 걸림돌이 하나 더 있어요. 아무리 에너지가 넘쳐도 자신의 취향에 맞지 않는 상대를 사랑하지는 않잖아요. 우리가 스스로를 사랑하는 게 어렵다고 느끼는 또 다른 이유는 '나 자신'이 '내가 원하는 이상형'이 아니라는 데 있어요.

연예인까진 바라지 않아도 주위에서 예쁘다는 말을 들을 정도의 외모면 좋겠고, 전문직까진 아니라도 사람들의 인정을 받을 만큼 괜찮은 직장에 취직했으면 좋겠고, '핵인싸'까진 아니라도 붙임성 좋고 사교적이라 사람들에게 사랑받는 성격이면 좋겠는데, 현실의 나는 그렇지 않으니까요. 외로움이 뼛속까지 사무쳐도 이성 보는 눈을 못 낮추는 것처럼, 우울증으로 괴로워 죽을 지경이라도 도저히 나 자신을 사랑스럽게 봐줄 수가 없는 거죠. 이성적으로, 냉정하게, 객관적으로 판단했을 때, '나'는 사랑받을 자격이 없는 거예요.

그런데 이렇게 한번 생각해 보시겠어요? 아마 이 글을 읽는 분들은 우울증의 극심한 고통을 겪어 보았을 거예요. 지옥 불에 온몸이 타는 것처럼 아프고 힘들었을 거예요. 그런데 당신과 저는 결국 살아남아서 지금 이 글을 통해 만나고 있어요. 그렇다면 대체 우리는 어떻게 살아남은 걸까요?

죽는 게 무서워서? 죽는 게 무서운 건 사실이에요. 하지만 저는 우울증의 고통을 평생 겪으며 살아가는 게 죽음보다 더 무섭다고 생각해요. 살면서 경험한 즐거움이 작은 들꽃만 했다면 고통의 크기는 드넓은 하늘이었으니까요.

가족에게 고통을 주기 싫어서? 가족이 저한테 강력한 동기가 된 건 사실이에요. 하지만 제가 살아 있는 게 오히려 가족들을 고통스럽게 하는 거라고 생각했던 순간도 많아요. 저는 가족을 생각하며 죽을힘을 다해 버티고 있는데 정작 그 가족이 너무 힘들다고, 저를 낳은 것을 후회한다고, 제발 집에서 나가 달라고 부탁한 적도 있었죠. 그러나 그런 일을 겪은 후에도 죽음을 향해 마지막 한 걸음을 내딛는 것은 쉽지 않았어요. 이유가 뭘까요?

죽겠다고 마음먹었던 순간, 그때의 기억을 한번 떠올려 보세요. 어떤 느낌이었나요? 얼마나 아프고 고통스러웠나요? 얼마나 슬프고 서러웠나요? 저도 그런 날들을 기억해요. 우울증이 나을 희망도 없는데, 망쳐 버린 인생이 뭐가 아쉽다고, 고통밖에 남지 않은 이 초라한 삶에 무슨 미련이 남았다고 그렇게 울었을까요?

_아뇨, 저는 살고 싶었어요.

아카시아 꽃향기가 살짝 묻어나는 봄바람을 다시 느껴 보고 싶었고, 묵직하고 뜨끈뜨끈한 여름 소나기 속을 다시 한 번 걸어 보고 싶었어요. 그런데 죽어야만 한다고 말하는 저 자신을 막을 수가 없어서 슬펐어요. 한편으로는 제 안에서 작은 목소리가 이런 질문을 던졌어요. "내가 왜 죽어야 하지? 뭐가 내 죽음보다 중요하다는 거야?"

그 순간 눈물이 또르르 흘러내렸는데 나중에야 그 의미를 이해할 수 있었죠. 그것은 아주 작은 조각이지만 마음 한구석에서 또렷이 빛을 내고 있던, 내가 나를 사랑하는 마음이었어요. 제가 정말 자신을 뼛속까지 혐오했다면 스스로를 죽이는 데 망설이거나 슬퍼할 이유가 없었겠죠. 혐오스러운 벌레를 죽일 때 슬프게 울지는 않잖아요. 항상 자신을 벌레나 쓰레기에 비유하면서 미워했지만 사실 그렇지 않은 마음도 한편에 분명히 존재했던 거예요.

"뭐가 내 죽음보다 중요하다는 거야?" 마지막 순간에 수없이 던졌던 이 질문도 제가 자신을 무조건적으로 사랑하고 있기 때문에 할 수 있었던 거였어요. 그랬기에, 끝나지 않는 우울증으로 고통받더라도, 폐인이 되더라도, 사람들로부터 견딜 수 없는 상처를 받더라도, 그게 과연 저의 죽음보다 중요한 일인지 물었던 거죠.

그 질문은 받은 저는 선뜻 대답을 못 했어요. "응, 그게 더 중요해."라고 대답했다면 저는 지금 여기 없겠죠. 그것들 모두 무척 고통스러운 일이긴 하지만 제 목숨보다 중요하다는 말은 결코 할 수가 없었어요. 그건 '내가 꼭 무엇이 되지 않더라도, 나는 나를 지금 이대로 사랑한다.'는 뜻이 아닐까 해요. 이상형에 한참 못 미치는 자신일지라도 말이죠.

'우리 모두는 자신을 무조건적으로 사랑한다.' 이 사실을 인정하는 게 아직 힘들다면 지금은 그냥 그때 흘렸던 눈물을 기억해 두는 것만으로도 충분해요. 어차피 시간이 걸리는 일이니 부담스러우면 잠깐 접어 두고 나중에 이 자리로 다시 돌아와도 괜찮아요.

'나를 사랑하는 법'도
배워야 할 수 있어요 🌿

　근데 내가 나 자신을 사랑한다는 걸 인정한다 하더라도 뭔가 바뀌는 건 없다고 느껴지지 않나요? 저도 곧바로 '그래서, 뭐? 어쩌라고?' 이런 생각이 들었어요. 내가 나를 사랑한다는 건 알겠는데 그렇다고 해서 우울증이 낫거나 자존감이 높아지지는 않더라고요. 대체 뭐가 문제인 걸까요? 내가 나를 사랑하는 것만으로 왜 충분하지 않은 걸까요?

　이럴 땐 다른 사람과의 관계를 생각해 보는 게 도움이 돼요. 다른 사람을 사랑할 때 그냥 마음을 다해 그 사람을 사랑하는 것만으로 충분하던가요? "너를 위해 죽을 수도 있어."라고 말할 수 있을 만큼 깊이 사랑하기만 하면 아무 행동을 안 해도 상대방이 그 사랑을 느낄 수 있나요? 사랑하는 마음이 기본이긴 하지만 그것만으로는 충분치 않죠. 우리 모두는 상대방이 느낄 수 있도록 사랑을 표현해야 한다는 걸 알아요. 자기 자신을 사랑하는 것도 마찬가지예요. 내가 나에게 사랑을 표현하기 위해서는 거기에 맞는 방법 또한 함께 배워야 하는 거죠.

　내가 나를 사랑한다는 걸 인정하면 되는 거 아냐? 내가 나를 사랑한다고 하는데 무슨 오해가 생길 수 있다는 거야? 이렇게 생각할 수도 있어요. 그러면 한 가지 물어볼게요. 저는 저 자신을 사랑하면서도 왜 한편으로는 자신을 혐오하고 죽이려고까지 했을까요?

저는 저 자신을 다 알고 있다고 착각했어요. 하지만 마지막 계단에 섰을 때, 그동안 스스로를 향한 미움과 증오에만 집중했지 마음 한구석에 스스로를 아끼고 사랑하는 마음이 있다는 걸 알지 못했다는 깨달음을 얻었죠. 결국 저도 저 자신을 완벽히 알지는 못했던 거예요. 저뿐만 아니라 그 누구도 스스로를 완벽하게 알지는 못해요. 그러니 자신을 사랑할 때도 타인과의 관계처럼 사랑을 표현하는 방법을 배워야 하는 거예요.

어쩌면 우리는 자신을 사랑하는 법을 모르고, 자신에 대한 사랑을 제대로 표현해 본 적이 없기에 스스로를 더 미워하게 되고, 그래서 우울증으로까지 내몰렸는지도 몰라요. 친구가 취업을 못 해 괴로워할 때면 고기도 사 주고 위로의 말도 건네잖아요. 이처럼 자기 자신이 힘들어할 때 따뜻한 말 한 마디라도 건네줬더라면 우리가 이렇게까지 고장이 났을까요?

_여러분들은 자기 자신에게 어떤 사람인가요?

저는 저 자신에게 굉장히 가혹한 상사였어요. 늘 갑질만 해 댔죠. 직원이 힘들다고 해도 매일 밤 야근시키고 과도한 목표를 설정하고는 다 해내라고 성질을 부렸어요. 다른 사람들과 매일 비교했고, 결과를 가져오면 이것밖에 못 하냐며 구제불능이라고, 나가 죽으라고 욕했죠.

저는 저 자신에게 잔인한 심리 상담사였어요. 너무 우울하고 불안해서 미칠 것 같다고, 할 수 있는 건 게임밖에 없다고 우는 환자에게 그건 당신이 원래 머리가 나쁜 데다가 게을러터지기까지 해서 그런 거라고, 당신은 의지력도 부족하고 나을 가망도 없으니 죽는 게 낫겠다고 진지하게 조언해 줬죠.

저는 저 자신에게 나쁜 부모였어요. 다른 사람들이 네게 상처를 줘도 다 참고 견뎌야 한다고 말했죠. 너의 생각과 의견은 하나도 중요하지 않다고, 남들에게 영향력을 미칠 수 있는 중요한 지위에 올라갈 때까지 너는 아무것도 아니라고 비난했죠. 사랑한다고 믿었던 사람에게서 큰 상처를 받고 돌아왔을 땐, 자존감도 낮고 사람 보는 눈도 없으니 그런 사람을 사랑하고 돌아다닌 거라고 조롱을 해 댔어요.

저는 살인미수범이었어요. 10년이 넘는 세월 동안 꾸준히 저 자신을 죽이기 위해 쫓아다닌 암살자였죠. 심지어 몇 번은 진짜로 죽이려 한 적도 있어요.

저도 참 웃긴 것 같아요. 스스로한테 이렇게 대해 놓고도 제가 왜 우울증에 걸린 건지 진심으로 궁금해했거든요. 다른 누군가에게 저렇게 말하고 행동했다면 저는 그 사람한테 온갖 욕을 다 들어 먹고 벌써 내쳐졌을 거예요. 그런데 전 다른 사람에게는 이렇게 행동한 적이 한 번도 없어요. 오직 저 자신에게만 잔인했죠. 아동 학대 사건 같은 것들을 왜 남의 이야기처럼 봤을까요? 제 안에도 잔인한 학대자가 있었는데 말이죠.

　제가 자신을 이렇게 대하게 된 데에는 부모님의 영향도 있어요. 앞에서 예로 든 말들 중 상당수는 부모님이 제게 했던 것들이에요. 그 말들 안엔 사회에서 만난 사람들이 제게 심어 놓은 가치관이 들어 있기도 하죠. 또 저한테 상처를 준 가까운 이들의 말들도 들어 있어요. 그런데 이제는 더 이상 부모님이나 다른 사람들, 과거의 상처 등을 탓할 수 없게 되었어요. 저 또한 스스로를 그런 식으로 대하며 평생 살아왔다는 걸 알게 되었으니까요.

　우리는 우리에게 잘못된 가치관을 강요하고 상처를 줬던 사람들을 원망해요. 그들을 향해 왜 나를 그렇게밖에 못 키웠냐고, 왜 나에게 그런 상처를 줬냐고 소리치죠. 그렇다면 자신에게도 똑같이 말해야 할 거예요. 왜 자신을 함부로 대하고 그런 상처를 주냐고요. 다른 사람들한테 "나에게 그렇게 하지 마!"라고 말하고 싶다면 내가 먼저 스스로를 그렇게 대해서는 안 되는 거 아닐까요? 그러지 않으면 우리 모두는 우리를 학대했던 부모님이나 우리에게 상처를 줬던 다른 사람들과 다를 게 없잖아요.

　다른 사람들이 나를 어떻게 대해 줬으면 좋겠는지 생각해 보세요. 그리고 자신에게 그렇게 해 주세요. 이렇게 '나를 사랑하는 법'에 대해 처음부터 하나하나 배워 가도록 해요. 아기가 첫걸음을 떼는 것처럼, 위태롭지만 이젠 우리도 앞으로 나아가야 하니까요.

수치심과 죄책감은
때론 독이에요 ♣

  누군가 정말 미워하는 사람이 있어서 복수하고 싶다면, 아주 좋은 방법이 있어요. 그 사람의 수치심과 죄책감을 최대한 자극하는 거예요. "너 공무원 시험 또 떨어졌다며? 친구들은 다 몇 년 전에 붙어서 이번에 승진도 하고 결혼도 했다는데. 다 늙어서 합격해 봤자 뭐 해. 어차피 안 될 거 시간 낭비하지 말고 취직 준비나 해."라든지 "이번에도 실패야? 그러고도 힘들게 일하시는 부모님한테 용돈 받아서 커피 사 마실 생각이 드냐? 너 아직도 정신 못 차렸구나!"라고 해 보세요. 그 친구, 몇 달 안에 우울증 온다는 데 바나나맛 우유 하나 걸게요.

  그런데 뭔가 이상하지 않으세요? 주위에 저렇게 말하는 사람들 진짜 있잖아요. 그리고 스스로도 평소에 저런 생각들을 하고요. 우울증이 심할 때 저는 자는 시간만 빼고 하루 종일 자신한테 저런 말을 해 댔어요. 누구보다 스스로의 상황을 잘 알기에 아주 잔인한 말로 자신을 고문할 수 있었죠.

  저런 말들, 다 맞는 것 같죠? 뼈 때리는 말로 정신 차리게 도와주려는 것 같죠? 속지 마세요. 수치심, 죄책감을 불러일으키는 말 중에 사람을 살릴 수 있는 말은 하나도 없어요. 수치심, 죄책감은 우울증이라는 악마가 우리의 자존감을 무너뜨리기 위해 사용하는 가장 강력한 마법이에요. 수치심, 죄책감을 느끼게 만드는 말과 기억들이 몰려올 때면 온몸이 불타는 것 같아 그냥 죽어서 사라지고 싶기만 하죠. 바로 이때가 자살 충동이 극에 달하는 가장 위험한 순간이에요.

우울증이 심할 때는 수치심과 죄책감을 굉장히 강렬하게 느끼는데 대부분은 병의 증상일 뿐 현실이 아니에요. 감기에 걸리면 콧물, 기침이 나오는 것과 같은 거죠. 근데 우울증 환자들은 흔히 그런 감정들을 '팩트'라고 착각해요. 수능에 실패해서 남들 보기 부끄러운 대학에 다니는 것도 사실이고, 취업에 실패해서 백수 생활을 하는 것도 사실이니까, 지금 느끼는 이 수치심과 죄책감도 사실이라고 믿는 거죠.

그런데 정말 그럴까요? 그런 감정들을 보통 어떨 때 느끼세요? 시험에 떨어졌거나 취직에 실패했을 때, 사회성이 부족해서 사람들이 나와 대화하는 걸 불편해할 때, 뚱뚱하거나 탈모가 있을 때, 성범죄를 당했을 때, 형편이 어려워 친구들에게 얻어먹기만 할 때, 따돌림을 당했을 때…. 근데 이것들이 남에게 상처를 주는 일인가요? 이것들이 무슨 죄라도 되나요? 이런 일들 때문에 힘든 건 바로 나 자신인데, 오히려 위로받아야 되는 사람이 왜 수치심과 죄책감을 느끼는 거죠?

진심으로 스스로를 부끄러워해야 하는 경우는 우리가 남들에게 큰 잘못을 했을 때밖에 없어요. 죄책감도 마찬가지죠. 그리고 그런 경우조차도 우리의 행동이 부끄러운 거지 우리의 존재 자체는 수치스럽지도, 죄스럽지도 않아요.

그리고 또 하나, 수치심과 죄책감이 유독 우울증 환자에게 독이 되는 건 이런 상태가 심해지면 다른 사람과 접촉하는 것 자체가 힘들어지기 때문이에요. 우울감, 불안감을 낮추고 근본적으로 우울증이라는 병에서 벗어나기 위해서는 다른 사람들과의 연대가 꼭 필요해요. 사람들과 만나고, 이야기를 나누고, 같이 즐겁게 웃고, 속마음을 이야기하고, 위로를 주고 위안을 받고, 서로의 존재에 기대는 과정이 우울증 환자에게는 반드시 필요하죠. 그런데 수치심과 죄의식이 지나치면 그 고통이 너무 심한 나머지 사람을 피해 도망만 다니게 돼요. 이렇게 되면 우울증 치료를 위해 필요한 에너지를 다른 이들에게서 얻기가 어려워요. 치유가 힘들어지는 거죠.

_'당신은 당신의 상처보다 더 크다.'는 말이 있어요.

어떤 실패를 경험했든, 어떤 상처를 받았든, 예쁘든 못났든, 우리는 항상 그 모든 것들보다 더 큰 존재예요. 그리고 우리는 그 무엇에도 불구하고 행복할 자격이 있는 사람들이죠.

수치심이나 죄책감이 비처럼 후드득 쏟아져 내릴 때, 스스로에게 이렇게 물어보세요. "내가 그 사람에게 큰 잘못을 한 걸까?" 잘못한 게 맞다면 진심으로 용서를 구해야겠죠. 그게 아니라면 '뻔뻔함'이라는 우산을 드세요. 우리에겐 그 비를 맞을 이유가 하나도 없으니까요. 우울증은 우리가 용서를 구하지도, 우산을 들지도 못한 채 빗속에 주저앉아 '나는 죽어 마땅한 인간이야.'라고 자학하는 걸 원할 거예요. 저도 오랜 세월 그렇게 앉은 채로 비를 맞고만 있었어요.

하지만, 이젠 더 이상 우울증을 도와주는 일은 하지 않을 거예요.

누가 뭐래도
'내 삶'이에요 ✿·

스스로를 조건 없이 사랑하고 싶다면 뻔뻔해져야 해요.

뻔뻔함에는 두 가지 종류가 있어요. 하나는 타인의 감정이나 기분을 무시하는 것, 다른 하나는 나에 대한 타인의 평가나 시선을 무시하는 것. 우리는 서로에게 기대어 살아가기 때문에 항상 타인을 의식할 수밖에 없어요. 하지만 이게 지나쳐 나에 대한 주도권을 남에게 넘겨줄 정도가 돼 버리면 곤란해요. 그렇게 되면 우리는 자기만의 기준을 가지고 인생을 살아갈 수가 없어요.

_내 삶인데 왜 남을 위해 살려고 하나요?

존재의 가치는 다른 데 있지 않아요. 내가 살아 있기 때문에 존재할 가치가 있는 거죠. 누구한테 인정받기 위해, 누군가에게 도움이 되기 위해 존재하는 게 아니에요. 시원한 바람이 부는 저녁, 어둑어둑해지는 하늘을 바라보면서 치킨에 맥주 한 잔 하는 즐거움을 위해 존재하는 거죠. 그 치킨이 취업 준비 생활 1년 만에 본 첫 면접을 망치고 면접비로 받은 봉투를 탈탈 털어 사 온 거라는 사정은 내 존재 가치와는 아무 관련도 없어요.

남들의 평가, 부모님에게 어릴 때부터 들었던 말들, 어른들의 오지랖과 훈계, 친구들의 호들갑스러운 참견. 우리의 내면에 스며든 타인들의 목소리는 마치 나 자신의 생각인 듯 위장해서 우리를 압박해요. 우리에게 '넌 살 가치가 없어.'라고 말하는 건 사실 우리 자신이 아니라 '그놈'들의 목소리예요.

특히나 우울증 환자들은 뻔뻔함이 부족해요. 자존감이 낮으니까요. 다른 사람들의 시선과 기준에 너무 휘둘리다 보니 자존감이 낮아지고, 자존감이 낮아지면서 다른 사람들한테 더 많이 신경 쓰게 되는 악순환에 빠져요. 심지어 우울증 환자들은 자신에게 돈을 쓰는 것, 치료를 받는 것, 살아 있는 것에도 죄책감을 느끼죠.

우울감, 불안감 자체를 낮추면 수치심과 죄책감도 줄어들어요. 동시에 자신감과 당당함은 조금씩 커지죠. 수치심과 죄의식을 자극하는 생각이 떠오를 때마다 '이게 다른 사람에게 피해를 주는 일인가? 아니야. 근데 왜 부끄럽고 미안하다고 느끼지? 그럴 필요 전혀 없어. 난 이대로 괜찮아!'라고 생각하는 연습을 자꾸 하다 보면 부정적인 감정이 조금씩 줄어들 거예요.

지금보다 두 배는 더 뻔뻔해지세요. 그리고 내 안에 숨어 있는 타인의 목소리들을 잡아내세요. 알아보는 방법은 간단해요. 있는 그대로의 나를 사랑하지 못하게 방해하는 모든 것들이 타인의 생각이에요. 우리는 원래 자신을 사랑할 수밖에 없도록 설계되어 있으니까요. 현재의 내 모습과 상관없이 살고 싶어 하는 본능은 누구에게나 있잖아요.

　방해꾼들 중에는 부모님의 기대나 과거 잘나갔을 때 느꼈던 행복감 같은 것도 있을 수 있어요. 하지만 이제 그들의 배낭은 그들더러 지라고 하고 우리는 우리 배낭만 챙겨서 떠나요. 짧은 인생인데 남의 짐까지 날라 줄 필요가 있나요?

세상에서 제일 불쌍한 사람은
바로 '나'예요 ♬❀

내가 제일 아프고 힘든 사람이라는 걸 인정해 주지 않는 한 우울증에서 벗어날 수 없어요. 대부분의 우울증은 마음의 상처나 피로감에서 비롯돼요. 내 마음의 면역 체계를 무너뜨린 어떤 원인이 분명히 있는 거죠. 어렸을 때의 가정환경이나, 사춘기 때의 교우 관계, 연인이나 직장에서의 인간관계 혹은 오랜 시간 힘든 일을 혼자 감당했던 것 때문에 마음의 피로가 누적되어 우울증이 오기도 해요.

그런데 자신한테 아픔이 있다는 걸 모르는 사람들이 의외로 많아요. 장기간 우울증과 싸우면서도 자신이 왜 우울증에 걸렸는지 이해하지 못하는 사람들도 있죠. 때론 너무 익숙해져서 자신이 우울증 때문에 얼마나 심하게 고통받고 있는지 잘 인식하지 못하기도 해요. 또 어떤 이들은 몸이 아픈 게 우울증 때문인지도 모르고 있다가 온갖 검사 끝에 결국 정신과에 가 볼 것을 권유받기도 하죠.

저 또한 우울증을 그렇게 오래 앓았으면서도 자신이 아프고 힘들다는 걸 몰랐어요. 부부 싸움이 심한 집안에서 눈치를 많이 보며 자랐는데도 정작 저 자신은 '부모님에게 사랑받으면서 부족한 것 없이 자랐는데 왜 우울증에 걸렸을까?' 하고 생각했죠. 심하게 왕따를 당하고 고등학교를 자퇴했는데도 그건 기억조차 잘 나지 않는 과거의 일이라고만 생각했어요. 은둔형 외톨이 생활을 7년이나 했고, 그 기간 동안 가족 외에는 그 누구와도 접촉하지 않았는데도 그 일이 큰 상처라는 걸 알지 못했어요. 심지어 제가 은둔형 외톨이였다는 것도 나중에야 인식하게 됐죠.

이런 상처들을 외면한 채 저는 주변 사람들에 대한 죄책감과 자신에 대한 자괴감에만 집중했어요. 이것보다 더 힘든 일을 겪고도 다른 사람들은 아무 문제없이 잘 살아가는데 나만 나약해서 무너졌다고 생각했고 그래서 창피했어요. 못난 자식이라서 부모님에게 너무 죄송했죠.

내가 나라서 싫었고, 내가 나라서 미안했어요.

이렇게 되면 우울증을 치료할 수가 없어요. 우울증에서 나으려면 결국 나를 아프게 하고 힘들게 했던 것들을 직면하고, 해결할 방법을 찾아야 하잖아요. 내가 무엇 때문에, 얼마나, 어떻게 아픈지를 알아야 하죠. 내가 아프고 힘들다는 걸 나조차도 인정해 주지 않는다면 어떻게 그 상처를 치료할 수 있겠어요?

사람이 자기 상처를 안다는 것은 굉장히 어려운 일인 것 같아요. 상처를 감당하기 힘들어서 아예 상처라고 인정하지 않고 꾹꾹 눌러두는 경우도 많아요. 어릴 때 맞으면서 자란 사람이, 부모님이 그렇게 키웠기 때문에 그나마 이렇게 잘 자란 거라고 합리화하면서 상처를 부정하는 것처럼요. 결과적으로 말하면, 그게 옳은 일이었든 아니든, 상대방의 행동이 호의였든 악의였든, 내가 아팠으면 상처인 거예요.

내가 제일 아프고 힘들다고 생각해 주는 건 우리 내면에 있는 상처들을 있는 그대로 인정해 주는 것과 같아요. 내가 아픈데 남의 사정까지 배려해 주지 마세요. 아빠가 가정에 무관심해서 엄마 혼자 어린 자식들을 키우느라 많이 힘들었을 거라고, 그래서 나한테 화를 낼 수밖에 없었을 거라고 이해해 주지 마세요. 그건 엄마의 사정이고 나한텐 그 무엇보다 내가 아팠던 게 제일 중요해요. 냉정하게 말해서 성인이었던 엄마보다는 어리고 자신을 보호할 힘이 없었던 내가 더 상처받았다는 게 '팩트'예요.

기분 상하고, 화가 나고, 창피하고, 슬펐던 순간들을 돌아보고 그때 느꼈던 자신의 감정을 인정해 주세요. 나에게 잘못했던 사람들을 떠올리면서 "당신은 나한테 그렇게 행동하면 안 됐어!"라고 말해 주세요. 분노한다는 건 우리가 스스로를 지키기로 했다는 의미예요. 함부로 간섭하고 상처 주는 사람들 앞을 막아서는 거죠. 그 분노가 바로 자존감이에요. 자기 자신을 지켜야 할 가치가 있는 사람이라고 생각하기 때문에 화가 나는 거니까요. 우울증이 진짜 심해서 자기가 쓰레기만도 못하다고 생각하는 사람은 화를 내지 않아요. 그저 체념해 버리죠.

과거의 상처들을 없앨 순 없어요. 하지만 우리는 자존감이라는 보호막을 세움으로써 상처가 주는 나쁜 영향을 차단할 수 있어요. 자신의 고통과 상처를 인정하는 일부터 시작하면 돼요.

언제까지나 나는
'내 편'이어야 해요 ♣.

　그럼에도 여전히 우울증에 걸린 분들은 미안한 마음에서 쉽게 빠져 나오지 못해요. 본의 아니게 가까운 이들에게 상처를 준 일에 대해, 경제적·정신적으로 돌봄을 받아야 하는 것에 대해, 이 밖에도 다양한 이유들 때문에 죄책감을 느끼는 경우가 많아요. 하지만 그 어떤 경우에라도 이걸 꼭 기억하세요. 지금 가장 힘들고, 가장 보살핌 받아야 하는 사람은 바로 당신이라는 걸. 우울증 때문에 고통받고 있는 당신은 자기 자신의 목숨조차 구할 힘이 없는 상태예요. 주위 사람들의 감정에까지 신경 써 줄 힘은 남아 있지 않아요.

　우리가 생각해야 할 것은 오로지 자기 자신을 돌보는 것뿐이에요. 혹여나 자신이 나쁜 행동을 한다 하더라도 비난하지 마세요. '내가 얼마나 힘들면 이렇게 나쁜 행동을 할까, 이럴 만큼 내가 정말 힘들구나.' 이렇게 생각해 주세요. 이런 습관을 들여야 우울증에서 벗어날 수 있어요. 그리고 그게 진짜 주위 사람들을 위하는 일이에요.

　우울증이 낫고 난 후 너무 뻔뻔하고 못된 사람이 되는 건 아닐까 걱정이 되나요? 절대 그렇지 않아요. 자신이 진심으로 행복한데 다른 사람을 괴롭히는 사람은 많지 않거든요. 병이 나을수록, 사는 게 점점 즐거워질수록, 자연스럽게 다른 사람들의 감정을 살피고 배려할 수 있는 힘이 생길 테니 걱정 마세요.

병이 다 나은 후에도 다른 사람들에게 큰 상처를 주지 않는 선에서 어느 정도의 뻔뻔함은 계속 남겨 두는 편이 좋은 것 같아요. 사람은 각자 고유한 성격과 능력을 가졌는데, 이걸 다른 사람들을 위해 억지로 늘렸다 줄였다 할 수는 없어요. 다른 이에게 어느 정도 상처를 주는 것도, 그들을 실망시키고 때로 기대에 부응하지 못하는 것도 불가피한 일이에요. 그건 누가 부족하거나 잘못해서 일어난 일이 아니니까요.

_우리 모두는 완벽한 존재가 아니니까,
상처를 주고받는 게 당연해요.

그런데 우리는 종종 다른 사람의 희망을 자신의 희망으로 착각하고, 오로지 다른 사람들을 만족시키기 위해 자기 자신을 학대해요. 그러다 실패하면 자신을 혐오하고 부끄러워하죠. 앞에서 제가 우리는 자신을 무조건적으로 사랑하는 존재라고 이야기했었죠? 그렇지 않다면 자살은 너무 쉬운 일일 거고, 수많은 이들이 매일 한강에서 투신하는 참극이 벌어졌을 거예요. 자신을 무조건적으로 사랑하는 나는 그럼 누구 편이어야 할까요? 도저히 해낼 수 없는 일을 스스로에게 강요하고 해내지 못하면 자신을 구박하고 비난하는 것, 이게 진정으로 우리가 원하는 일일까요?

사랑하는 사람들에게 원치 않는 말과 행동으로 상처를 주게 되더라도, 다른 사람들의 기대나 기준에 자신을 맞추지 못하더라도, 우리는 언제나 우리 자신의 편이에요. 이 사실을 알든 모르든 상관없이 우린 언제나 그래 왔어요. 이 사실을 몰랐을 땐 세상과 힘을 합쳐 자신을 공격하거나, 어쩔 줄 모르고 우울증의 한가운데 우두커니 서 있었겠죠. 하지만 이 사실을 알게 된 지금, 우리는 세상에 맞서 자신을 보호해야 해요.

이 세상에 꼭 한 사람, 끝까지 배신하거나 손 놓지 않고 나의 편의 되어 줄 사람, 그 사람은 바로 '당신'이에요.

part 3

구명보트를
띄우기 전에
알아 두어야
할 것들

마음에도
용량이 있어요 ✿·

　우리는 종종 내가 할 수 있는 것 이상을 요구받는 경우가 있어요. 이런 일은 거리가 가까울수록 더 자주, 더 심하게 나타나죠. 예를 들면 친한 친구니까 이 정도는 참아 줘야 한다거나, 부모는 자식한테 절대 화풀이를 해서는 안 된다고 생각하거나. 직장에서는 어떤가요? 언젠가 간호사들 사이에서 '태움'이라는 관행이 이슈가 된 적이 있죠. 정도의 차이는 있겠지만 개인들은 사회 안에서도 엄청난 압박을 받고 있어요. 지금 이 순간, 육체적으로든 정서적으로든 자신이 한계에 다다른지도 모르고 스스로를 태우고 있는 이들이 얼마나 많을까요?

　마음에도 정해진 용량이 있어요. 물병에 표시된 눈금처럼 우리의 마음에도 수용할 수 있는 한계가 정해져 있는 거죠. 그리고 사람마다 그 정도는 다 달라요. 타고난 성격 때문에 혹은 행복한 환경 덕분에 마음의 힘이 큰 사람이 있는가 하면, 힘든 일을 많이 겪어서 마음의 힘이 약해진 사람들도 있어요. 또 그 힘은 상황에 따라 더 커지거나 작아지기도 해요. 아무리 성격이 좋은 사람이라도 몸이 고되고 스트레스를 많이 받는 상황에서는 쉽게 화내고 짜증을 부리는 것처럼요.

　문제는 한계를 넘어서게 만드는 상황 혹은 한계를 넘어서도록 무리하게 요구하는 사람인 거지, 한계를 가진 우리 자신이 아니에요. 그런데도 우리는 종종 자신의 한계를 넘어서는 요구들을 스스로에게 강요하고 그렇게 하지 못하면 자책하거나 심지어 죄책감까지 느끼기도 해요.

"이것밖에 못 해? 넌 능력은 충분한데 노력을 안 하는 게 문제야."

우울증이 심했던 저는 이런 비난을 진지하게 받아들였어요. 마음이나 능력의 한계를 인정하는 건 스스로의 무능함을 고백하는 것과 다를 바 없다고 생각했죠. 그래서 언제나 자신을 다그치고 몰아세우며 왜 못 해내냐고 스스로에게 화를 냈어요.

마음의 용량을 아는 건 그래서 우울증 환자에게 더 중요한 것 같아요. 한계를 알아야 어디서부터는 참으면 안 되는지 알 수 있으니까요. 현재 책임지고 있는 일이 무엇이든, 얼마나 어려운 상황에 있든, 누구를 상대하든 상관없어요. 마음의 용량은 내 책임이 막중하다고 해서, 상대방이 나의 도움을 필요로 한다고 해서 내 마음대로 무한정 늘릴 수 있는 게 아니에요. 나에게 즐겁고 행복한 일이 생기는 만큼 늘어날 뿐이죠. 그러니 평소에 즐겁고 행복한 일들을 통해 에너지를 채워주면서 바닥난 마음의 힘을 틈틈이 보충해 주어야 해요.

똑같은 상황에서 다른 사람들이 그렇게 할 수 있다는 것이 나도 꼭 그렇게 해야 한다는 것을 의미하지도 않아요. 다른 사람들이 해내는 일들을 나는 해내지 못할 수도 있어요. 그렇다고 그게 나의 잘못인 건 아니에요. 그러니 이제부터라도 누군가의 비난에 부담을 갖거나 자책하지 말고 이렇게 말하세요. "나는 내가 할 수 있는 만큼 다 했어. 이 이상을 원한다면 그걸 해 줄 수 있는 사람을 찾아봐."

어떤 경우에든 우리는 스스로를 보호해야 해요. 일을 완벽하게 해내서 성공하고 싶다는 욕구, 사랑하는 이들을 최대한 만족시켜 주고 싶다는 목표, 나는 원치 않는데도 다른 사람들로부터 요구받는 이런저런 기대들, 이런 것들이 어깨에 올려졌을 때 자신이 얼마나 감당할 수 있는지 깊이 생각해 봐야 해요.

_들 수 없는 무게라면, 내려놓는 게 정답이에요.

자신을 몰아세운다고 해서 목표를 달성할 수 있는 게 아니라는 거, 잘 알잖아요. 그러다 우울증이 오고 병세가 심해지면 목표에서 점점 더 멀어질 뿐이에요. 자신의 한계를 인정하고 필요한 순간에 목표를 수정할 줄 아는 것, 자신이 해낼 수 있는 능력의 70% 정도만 이루겠다고 여유롭게 생각하는 것이 오히려 사랑하는 이들을 만족시킬 수 있는 방법이에요. 나의 행복도, 내가 사랑하는 이들의 행복도 모두 이 한계선 안에서만 가능하다는 거, 잊지 마세요.

나한테 좋은 게
진짜 '좋은' 거예요 🌿✿

"넌 항상 왜 이렇게 사람을 힘들게 해?"

우울증 환자라면 주위 사람들에게 이런 말을 많이 들어 봤을 거예요. 어릴 때부터 쌓여 왔던 상처를 가족한테 분노의 형태로 터트리거나, 친구들에게 부정적인 이야기를 쏟아 내는 경우가 많으니까요. 말하는 사람 입장에서는 너무 아파서 그걸 이야기하지 않으면 견딜 수가 없겠지만, 듣는 사람 입장에서는 덩달아 우울증이 올 것처럼 힘든 게 사실이에요. 그러다 보면 가족들도 친구들도 어쩔 수 없이 "너 때문에 너무 힘들다."는 말을 하게 되는 거죠.

가족이나 친구들에게 감정을 쏟아 내는 것이 잘못된 행동은 아니에요. 내 안의 상처가 너무 아픈데 어쩌라고요. 절망적으로만 보이는 삶이 너무 힘들어서 하소연하는 건데 뭘 어쩌라고요. 방식은 좋지 않더라도 그렇게 할 수밖에 없는 내 마음 자체는 옳은 거예요.

사람들이 뭐라고 떠들어 대든 우리는 무조건 자신의 편을 들어줘야 돼요. 상대방의 감정보다는 내 아픈 마음을 우선으로 생각해 주세요. '나는 가족이나 친구들에게 잘못된 행동을 하는 쓰레기야.'라는 죄책감은 접어 두세요. '주변 사람들이 다 떠나가는 걸 보니 난 누구에게도 사랑받지 못하는 존재구나.' 이렇게 자기 비하도 하지 말고요. 대신 이렇게 생각하세요. '나 때문에 힘들다고? 물론 내가 잘못한 것이 있을지도 모르지. 하지만 지금 중요한 건, 내가 이런 일에도 화를 낼 만큼 마음이 많이 아프다는 거야. 나는 지금 너무 힘들어서 너를 배려할 힘이 없어. 오히려 네가 나를 배려해 줘야 되는 상황이야.' 이렇게 자신을 보호해 줘야 해요.

암처럼 심각한 병을 앓는 사람에게 이유 없이 화내고 짜증 부린다고 화를 내는 사람은 많지 않아요. 병 때문에 고통스러워서 저러는 거라고 이해하고 배려해 주죠. 우울증도 똑같아요. 자칫하다간 죽을 수도 있으니까요. 그러니 스스로를 위중한 환자라 생각하고 주위에 배려해 달라고 당당히 요구하세요. 그리고 심각한 병에 걸려 힘들게 투병 중인 나 자신을 가장 먼저 생각해 주세요.

우울증이 많이 치유되어 마음이 여유로워지면 다른 사람의 입장에 대해 생각해 볼 수 있을 거예요. 어떤 이가 나 때문에 상처받았다면 그 사람의 감정을 존중해 주고 때론 사과도 해야겠죠. 그렇다고 해서 상처받은 이에게 무조건 맞춰 줘야 하는 건 아니에요. 사과하는 것과, 그 사람의 입장을 전적으로 수용하며 스스로의 행동이 잘못되었다고 규정짓고 무조건 고치는 것과는 다른 거예요.

사람은 모두 자기 나름의 성장 배경과 경험, 선입견, 가치관을 바탕으로 생각하고 반응해요. 그 사이에 차이가 생기는 건 너무나 자연스러운 일이죠. 하지만 상대방과 나 모두 동등하게 존중받아야 하는 '사람'이기 때문에 절대적으로 혹은 객관적으로 옳은 방식이라는 건 존재하지 않아요.

_함께 살아가기 위해 더 '좋은' 방법만이 있는 거죠.

예를 들어, 사소한 일에도 감사하고 좋은 감정을 많이 표현하는 태도가 객관적으로 더 좋은 방법일 순 있어요. 하지만 타고난 성향 때문에 표현하는 걸 힘들어하는 이에게, 이 방법이 객관적으로 옳은데 왜 그렇게 못 하냐고 비난하는 건 정당하지 않아요.

누군가 나 때문에 상처받았다고, 힘들다고 비난할 때면 이렇게 생각해 보세요.

'너와 나는 이 만큼 다르구나. 이건 누구의 잘못도 아니야. 그런데 나는 저 사람과의 차이를 조정해 나가고 싶은 걸까? 그렇게 하면 과연 내가 행복해질까?'

이런 식으로 자문하면서 이게 내가 변화시킬 수 있는 부분인지, 이런 변화가 나 자신에게 지나치게 부담스러운 건 아닌지, 변화하지 않는 것이 나를 위해서 더 좋은 선택은 아닌지 등을 차근차근 생각해 보세요. 이게 바로 나 자신을 있는 그대로 인정하고 보호하면서 상대방과의 공존을 모색하는 방법이에요.

상대방이 내 영역을 침범하지 않기를 바라고, 나의 말과 행동을 이해해 주기를 기대하고, 그게 뜻대로 잘 되지 않았을 때는 실망하고 상처받고…. 그동안 이렇게 상대방의 처분을 기다리기만 했다면 이젠 내가 먼저 나서서 행동함으로써 스스로를 지켜 내야 해요. 상대가 아니라 '나'한테 좋은 게 진짜 좋은 거니까요.

어쩌면 부정적인 감정들을 거침없이 쏟아 내고 병에서 빨리 낫는 게 가족이나 친구들을 도울 수 있는 방법인지도 몰라요. 대신 마음이 괜찮아졌을 때는 주위 사람들에게 고맙다고, 사랑한다고 많이 말해 주세요. 사랑한다는 이유, 그것 하나만으로 우리는 이 기나긴 겨울을 함께 견디는 거니까요.

당신은 지금
최선을 다하고 있어요 ♣.

    우울증 환자인 자신을 돌본다는 건 굉장히 고통스러운 일이에요. 솔직히 자기 자신이 아니라 다른 사람이었다면 벌써 연을 끊고 도망갔을지도 몰라요. 그런 자신을 견디기 힘들어 자살을 시도하는 이들도 있죠. 우울증을 앓고 있는 이들은 해야 할 일을 전혀 하지 못 하거나 극도로 무기력하고, 다른 사람들에게 미친 듯이 화를 내거나 부정적인 감정을 쏟아 내기도 해요. 공부나 취업, 대인 관계 등에서도 실패만 거듭하며 어디서부터 손을 대야 할지 모를 절망적인 상황에 놓여 있을 수도 있고요. 그런 자신에게 밥을 떠먹이는 게, 숨만 쉬며 꾸역꾸역 살아가는 게, 굉장히 역겹고 수치스럽고 혐오스럽게 느껴질 수 있어요. 때론 자신의 존재 자체가 너무 버겁게 느껴지기도 하죠.

    우울증을 치료한다는 것은 그런 자신을 돌보는 일이에요. 아니, 우울증에서 나으려면 그런 자신일지라도 열심히 돌보는 방법밖에 없어요. 무언가를 할 힘이 하나도 없을지라도, 나을 가망이 없을지라도, 무기력하고 부정적인 감정만 내뿜는 '아픈 나'를 진심으로 믿어 주고 사랑해 주고 보살펴 줘야 하는 거예요. 정말 어려운 일이지만 우리는 우리 자신을 위해 이 악물고 그렇게 하기로, 죽지 않고 살기로 결심한 거니까요.

가출한 정신은 내버려 두더라도 일단 몸만은 잘 돌봐 주세요. 제 시간에 일어나고, 잘 씻고, 규칙적으로 밥을 챙겨 먹고, 때가 되면 자고, 이렇게 하는 것만으로도 우울증과 맞설 힘이 생겨요. 자기혐오가 너무 심해 아무것도 할 수 없을 때는 한 걸음 떨어져서 자신을 '돌봐 줘야 하는 아픈 사람'이라고 생각하세요. '나는 잘 먹고 잘 자야 해.'가 아니라 '이 몸을 먹이고 재우는 게 간병인인 나의 역할이야.'라고 생각하는 거예요. 나를 사랑하는 방법이 그렇게 대단한 것만은 아니거든요. 때론 먹고 씻고 자는 것만으로도 충분해요. 아기를 사랑으로 돌본다는 게 기본적으로 잘 먹이고, 씻기고, 재우는 일인 것처럼요.

_그러니 이걸 꼭 기억해 주세요.
죽음으로 나아가지 않고 버티고 있는 것만으로도
우리는 우리 자신을 충분히 아끼고 사랑해 주고 있다는 걸.

지금 나는, 당신은, 우리 모두는, 최선을 다하고 있는 거예요. 그런 자신을 인정해 주면 좋겠어요. '나는 밥만 먹는 식충이야.'가 아니라 '나는 밥을 먹는다는 대단한 일을 하고 있어.'라고요. 장담하지만 전 세계에서 가장 의지력이 강하다는 사람을 데려와도 우리가 지금 경험하고 있는 이 끔찍한 고통은 버티지 못할 거예요. 우리는 초인적인 힘으로 살아 내고 있으니까요. 비유하자면 우리는 우울증이라는 올림픽에서 세계신기록에 도전하고 있는 거예요. 그렇게 노력하고 있는 자신을 인정해 주세요. 자랑스러워해도 좋아요. 더 나아가 자신에게 고마워해 줬으면 좋겠어요. 내가 스스로를 잘 돌보고, 사랑해 주고 있다는 사실에 대해서요.

이 책에서 제가 말씀드리는 방법들을 처음부터 100% 실천하는 건 불가능해요. 그게 가능하다면 우울증 환자가 아니겠죠? 읽고 나서 기억에 남는 것 한두 가지만 먼저 실천해 본다는 마음으로 편하게, 천천히 접근하면 좋을 것 같아요. 가장 위험한 건 '나 자신을 반드시 사랑하고 말겠어! 우울증에서 꼭 낫고 말겠어!' 이렇게 스스로를 몰아붙이는 게 아닐까 해요. 이런 각오로 시작했다가 뜻대로 안 되면 자신을 더 심하게 혐오할 수도 있으니까요.

마음이 힘든 상태라면 당장 실천할 수 없는 것들도 많아요. 어떤 방법들이 마음에 와닿지 않는다면 그건 아직 그걸 실천할 만큼 마음의 힘이 없다는 의미예요. 괜찮아요. 현재 그럴 힘이 없는 자신도 존중해 주세요. 자신을 사랑하라고 다그치는 사람과, 자신을 사랑하기 힘들어 하는 걸 이해해 주는 사람, 둘 중 자신을 진짜 사랑하는 사람은 후자일 테니까요.

당신도 이제
당신의 이야기를 들어야 해요 ·✿·

　고민이나 안 좋은 일이 있을 때 다른 이가 어떻게 해 주길 바라나요? 계속 지적질하고 충고하고 분석해 주는 친구가 좋은가요? 아니면 조용히 앉아서 귀 기울여 주는 친구가 더 좋은가요? 사람들은 대부분 비슷해요. 누군가 내 이야기를 가만히 들어 주는 것만으로도 상처 입은 마음엔 빠르게 새살이 돋아나죠.

　사람의 마음이 이런 거라면, 내가 나를 사랑하고 보살펴 주는 것도 같을 거예요. 내 마음이 하는 이야기를 귀 기울여 들어 주는 것, 그게 바로 나를 사랑하는 태도예요.

　어느 날, 저는 스스로에게 왜 계속 떨어지기만 하는 시험에 집착하는지 물어봤어요. 그리곤 제 마음이 들려주는 이야기를 경청했죠.

　'난 부모님에게 인정받고 싶고, 사랑받고 싶어. 부모님이 나에 대해 자랑스러워할 때 내가 행복해진다고 느끼는 것 같아. 그렇게 해야 부모님이 나를 사랑해 줄 것 같기도 하고. 그런데 나는 부모님이 원하는 걸 하는 게 그렇게 즐겁지는 않아. 이 일을 하는 게 정말 나를 행복하게 할지 잘 모르겠어.'

　분명 내 안에 있는데, 내가 알아주지 않은 마음들은 어느 시기에 다다르면 곪아서 터져 버려요. 부모님에게 사랑받기 위해 명문대를 가거나 번듯한 직업을 가져야만 할 것 같은 마음은 사실 별것 아닐 수도 있어요. 저 또한 그런 게 무슨 상처냐고 생각하면서 살았고요. 하지만 지금 다시 돌아보면 그건 제 자존감을 무너뜨리는 일이었어요. 어릴 때부터 "너는 내가 원하는 대학을 가 줄 수단이다."라는 아빠의 말에 늘 상처를 받아 왔던 저는 아빠가 아무리 잘해 줘도 조건 없이 사랑받고 있다는 느낌을 한 번도 받지 못했어요. 그럼에도 다 자식을 사랑하는 마음에 그렇게 말하는 거라고 생각하며 상처를 덮어 버렸죠.

　마음을 읽어 주는 것은 청소를 하는 것과 같아요. 그때 제가 마음의 방을 열심히 청소해 주었다면 우울증에 안 걸릴 수도 있었을 거예요. 어쩌면 올바른 결정이라는 건 이런 자신의 마음을 모두 존중해 줄 수 있는 타협점을 찾는 것인지도 모르겠어요. 또 이렇게 자신의 마음을 잘 보살펴 주면 다른 사람과의 관계에서도 좀 더 너그러워지고 타인과 대화를 해 나갈 힘도 생겨나요.

　마음을 돌봐 주는 건 나 자신을 무조건적으로 수용하고 사랑하는 방법 중 하나예요. 그렇게 자신을 사랑해 주면 자존감도 잘 유지될 수 있어요. 누군가가 자신을 세상에서 가장 중요한 사람으로 생각하고 세심하게 마음을 읽어 주고 보살펴 준다면 얼마나 행복할까요? 이런 존재가 있다면 굳이 다른 사람에게 인정과 사랑을 구할 필요가 있을까요? 내가 바로 그런 사람이 되어서 스스로를 인정해 주고 존중해 주고 충분히 사랑해 준다면 다른 사람의 인정이나 사랑을 갈구하는 욕구도 줄어들어요. 낮은 자존감 때문에 그동안 고통받았나요? 스스로를 존중하는 마음은 이렇게 자기 자신에 대한 관심과 사랑 속에서만 성장해 나갈 수 있다는 걸 명심하세요.

이제부턴 마음에 조금이라도 상처가 나면 바로 약을 발라 주세요. 딱 하나만 질문하면 돼요. "지금 기분이 어때?" 그러면 내 마음은 지금 뭐가 힘들고, 뭐가 슬프고, 뭐가 화나는지 다 말해 줄 거예요. 잘 듣고 위로해 주세요. 어쩌면 피자 한 판 사 주는 걸로 쉽게 풀릴지도 몰라요. 우리의 마음이 바라는 건 정말 작은 관심이니까요.

살아 있는 것,
오직 그것만이 중요해요 🌿❀

"너는 살아 있는 것만으로도 나에게 기쁨을 줘. 네가 너무 힘들어 보여 마음이 아프다. 내가 책임질 테니 지금은 아무 생각도 하지 말고 다 놓아 버려. 나만 믿고, 너는 그냥 살아만 있어 줘."

이건 제가 우울증 때문에 모든 것을 놓아 버리고 싶었을 때 듣고 싶었던 말이에요.

누군가가 내게 해 주었으면 하고 간절히 바랐던 말, 그러나 이 말을 내가 나 자신에게도 해 줘야 한다는 걸 그땐 몰랐어요. 아무것도 하지 않아도 된다고, 살아만 있어 달라고 부탁하는 것은 가장 큰 '자기 존중'이에요. 나는 어떤 업적이나 성공, 책임, 일 등을 해내야만 가치 있는 존재가 아니라, 그런 것들을 다 버리고 그저 살아만 있어도 그 자체로 의미가 있다는 뜻이니까요. 내가 나를 사랑할 때 거기엔 아무런 조건도 없어야 해요.

사람마다 증세의 정도는 다르겠지만 우울증 때문에 할 수 없는 것들, 하기 힘들어진 것들이 있을 거예요. 학생이라면 공부할 의욕을 잃었을 것이고, 직장인이라면 업무나 대인 관계를 원만히 해내기 어려울 것이고, 때로는 가정생활이나 일상조차 원만하게 해 나가기가 쉽지 않을 거예요. 그런데 문제는 이런 것들이 쉽게 놓아 버릴 수 있는 게 아니라는 데 있어요. '취직 안 해도 괜찮아, 직장에서 일 대충 하고 놀아도 괜찮아, 집에서 좀 짜증 부려도 괜찮아, 집안일 안 해도 괜찮아….' 근데 이게 말처럼 그렇게 쉽게 되던가요?

_그 누구보다도 우리 자신이 '놓아 버리기'를 원치 않죠.

모든 걸 놓아 버리면 경제적으로 어려워지거나 사람들과의 관계가 틀어진다는 현실적인 이유 때문일 수도 있지만, 거기엔 우리 마음의 문제도 함께 얽혀 있어요. 내게 주어진 역할들을 제대로 해내지 않으면 안 된다는 책임감, 이것까지 놓아 버리면 내 인생은 진짜 망해 버릴 것 같다는 두려움도 있죠. 이런 사회적 역할들을 잘 해냄으로써 사람들로부터 인정받고 자존감을 충전해 오던 습관도 있을 테고요. 근데 이 방식은 언제 끊어질지 모르는 보조 전력(타인의 인정)에 의지해 '나 자신'이라는 거대한 시설을 가동하는 것과 같아요. 결국 우울증을 앓는 이들은 낮아진 자존감을 회복하기 위해 더욱더 사회적 역할이나 성취에 매달리게 되는 악순환에 빠지죠.

우울의 바다에 빠져 죽어 가는 자기 자신을 똑바로 바라보세요. 다른 사람이 떠미는 무거운 짐을 짊어지기 전에, 내가 지금 어떤 상태에 있는지 먼저 생각해 보세요. 남들에게 인정받는 게 내 목숨보다 중요한가요? 내가 책임지지 않으면 안 될 것 같은 가족들은 내 생각보다 강한 사람들일 수도 있어요. '해야만 하는 일들'은 우리의 장례식장까지 쫓아오진 못해요. 그래도 걱정이 된다면 그 일들을 향해 내가 살아 돌아올 때까지 기다리라고 하세요.

뭍에 있는 일들은 다른 사람들에게 맡기고, 바다에 빠진 나는 오직 살아남을 생각만 해야 해요. 모두 놓아 버리세요. 우울증으로 자살까지 생각한 적이 있다면, 약과 심리 상담, 취미 생활, 운동 등 그 어떤 방법으로도 해결이 안 된다면 이젠 정말 놓아 버려야 돼요! 스스로 그만두지 않아도 어차피 계속해 나갈 방법이 없을 거예요. 해낼 수 없는 것들을 끌어안고 있어 봤자 스트레스만 심해질 거고 그러다 보면 결국 내 앞엔 자살이라는 마지막 계단만 남게 돼요. 그럴 때는 정말 다 버리고 치료에만 집중해야 해요.

살아 있는 것 자체가 큰 에너지를 필요로 하는 일이기 때문에, 우울증이 심할 때는 '죽지 않는 것'도 너무 힘들어요. 폐가 기능을 상실했는데 숨을 쉬어야 하는 사람과도 같죠. 그런 환자에게 반드시 산소호흡기가 필요하듯 우울증 환자에게도 반드시 '우울증 치료'가 필요해요. 그리고 스스로를 향해 '아무것도 안 해도 좋으니 제발 살아만 있어 달라.'고 애원해야만 해요.

자살 직전까지 가 본 분들은 이해하겠지만 자칫했으면 우린 정말 그때 죽었을 수도 있어요. '자살 충동'이라는 돌이 등을 한 번만 더 내려쳤다면 우린 마지막 계단을 향해 결국 뛰어내렸을지도 몰라요. 그리고 보면 지금 우리가 누리고 있는 이 시간들은 덤으로 얻은 것과 같죠. 그런데 우연히 얻어진 이 값진 시간들도 우울증이 계속된다면 어느 날 '툭'하고 갑자기 끊어질 수 있어요.

 냉정하게 말하면, 우울증을 앓고 있는 우리에게 '남은 생'은 예측이 불가능한 영역이에요. 다음 자살 기도까지 기껏해야 1년? 3년? 아니 어쩌면 그보다 더 짧을지도 알 수 없죠. 당신은 지금 얼마나 남았는지 가늠할 수도 없는 시한부 인생을 살고 있는 거예요. 이런 생각을 하며 지금 손에 붙잡고 놓지 못하는 것들을 다시 바라보세요. 그게 아직도 그렇게 중요해 보이나요? 1년밖에 못 산다 해도 대학에, 공무원 시험에 떨어지는 게 신경이 쓰일까요? 만약 3년밖에 못 산다면 저는 지금 방 안에 있지 않을 거예요. 살아서 누릴 수 있는 모든 것들을 해 보기 위해 부지런히 돌아다닐 거예요. 전 살아 있기 위해서라면, 우울증에서 벗어날 수만 있다면, 생활인이 아니라 여행자처럼 살아도 괜찮다고 생각해요.

 오늘부터 손에 쥐고 있는 것들을 전부 내려놓고 먼저 행복한 하루를 살아 보세요. 매일 아침 일어날 때 스스로에게 "오늘도 살아 있어줘서 고마워."라고 말해 주세요. 잠자리에 들 때면 "살아남았으니까 오늘 할 일은 다 했어!"라고 이야기해 주세요. 그 힘으로 다시 다음날을 살고, 그렇게 쌓인 날들이 1년이 되고 2년이 되면, 그러면 그 이후로도 우리는 계속 살아갈 수 있을 거라 믿어요.

도망칠 곳을
마련해 두세요 ✿•

하지만 어떤 경우엔 직장이나 학교를 그만두는 게 오히려 우울증을 악화시키기도 해요. 부모나 자식 역할을 전부 그만둘 수도 없는 노릇이죠. 그럴 때는 마음으로라도 놓아 버려야 해요. 시작은 '이건 꼭 해야만 돼. 이걸 못 해내면 난 망할 거야.'라는 생각을 버리는 것부터예요. 대신 이렇게 생각하는 거죠. '도망가고 싶다. 이거 하고 싶지 않아. 다른 일을 하고 싶어. 뭘 하면 내가 행복해질까?'

현재의 상황이 힘들다고 인정하는 것, 다른 것을 하고 싶다는 생각을 허용하는 것만으로도 도움이 많이 돼요. 반드시 해야 한다고 생각하다 보면 결국 해내지 못하는 자신을 탓하게 되거든요. 그런데 이 일은 해내기 힘들고 나를 불행하게 만든다고 인정하는 사람은 자책을 덜하게 돼요. 문제는 나 자신이 아니라 일이라는 것, 이 일이 내 성격이나 특성, 능력과 맞지 않는다는 것을 이해하는 거니까요.

하지만 생각만으로는 충분하지 않아요. 도망가고 싶다고 생각하면서도 현실에서는 여전히 해야 할 역할들, 책임져야 할 일들에게 질질 끌려가고 있으니까요. 이때 해야 할 일은 도망갈 수 있는 곳을 찾는 거예요. 현실을 바꿀 수는 없지만, 잠시 숨통을 틔울 곳은 얼마든지 찾아낼 수 있어요. 밤늦게 극장에 앉아 팝콘을 먹거나, 벚꽃이 흩날리는 예쁜 길을 숨이 찰 때까지 뛰거나, 평생 한 번도 들어 보지 못한 외국어를 배우거나, 낯선 이들을 왕창 만나거나, 평소 가 보고 싶었던 곳으로 긴 여행을 떠나거나. 무엇이든, 어떤 일이든 상관없이 일상에서 도망갈 구멍을 많이 뚫어 놓아야 해요. 그러기 위해 맡은 일을 조금 게을리해도 상관없어요. 도망치고 싶은 마음을 억누르기만 하다 어느 날 '펑'하고 터져 버리면, 그땐 대충하는 정도로도 일을 할 수 없게 될 테니까요.

우울증이 심각한 단계에서는 재미있는 게 아무것도 없다고 느낄 수도 있어요. 그럴 바에야 차라리 밀린 공부나 집안일을 하는 게 더 도움이 될 거라고 생각하는 사람들도 있죠. 저도 그랬어요. 재미있는 것도 없고, 돈을 쓰는 것도 죄책감이 들고, 그러니 그 시간에 차라리 공부를 하는 게 우울증 회복에 더 도움이 될 거라 생각했죠. 이런 생각 때문에 저는 스스로에게 도움이 될 그 어떤 것도 하지 못한 채 몇 년을 허비했어요. 돈을 안 쓴다고 우울증이 낫는 것도, 취미 생활을 하지 않는다고 공부를 더 할 수 있었던 것도 아니었는데 말이죠.

이런 사실을 깨닫고 나서부터는 재미가 없더라도 아무거나 닥치는 대로 취미 생활을 하고, 내가 하고 싶은 일들을 하며 시간을 보냈어요. 필요하다면 돈도 썼고요. 공부는 뒷전이었죠. 신기한 건, 그렇게 하니까 재미를 느낄 수 있는 일들도 생기고, 자존감도 높아지고, 할 수 없던 일들도 도전해 볼 의욕이 생겼다는 거예요. '뭘 해도 재미없어.'라는 생각은 사실 우리의 회복을 방해하는 우울증의 공작이었던 것이죠.

춤을 배울 때도, 심한 몸치라서 우스꽝스러운 꼴을 보이는 게 오히려 스트레스일 거라고 생각했는데, 실제로 해 보니 신나는 음악에 맞춰서 뛰고 움직이는 것만으로도 충분히 즐거웠어요. 자수에는 생전 관심도 없었는데 실제로 해 보니 시간도 잘 가고 재미도 있고 내 손을 거쳐 완성된 결과물들도 무척 마음에 들었어요. 공부나 시험 준비를 할 때는 자신이 항상 부족한 것처럼 느껴졌고 반복되는 실패에 좌절감만 들었거든요. 근데 몸치라도 열심히 춤을 춘다는 느낌, 자수를 처음 하는 것 치고는 꼼꼼하게 잘한다는 선생님의 칭찬, 이런 것들이 바닥에 깔려 있던 제 자존감을 끌어올려 주었죠.

이런 활동들을 통해 여러 분야의 사람들과 만나다 보니 세상에는 정말 다양한 직업들이 있다는 것도 알게 되었죠. 예를 들면 '놀이 큐레이터' 같은 민간 자격증을 따서 봉사 활동을 다니는 분도 있고, 5~6년 전에 우연히 자수를 시작했다가 직접 공방을 내고 강의를 계획 중인 분도 있었어요. 이분들을 보며 인생에 꼭 한 가지 길만 있는 건 아니라는 깨달음을 얻고 나니 삶이 확실히 여유로워졌어요. 손 놓고 있던 공부를 다시 시작해 볼 수 있는 용기까지 생겼죠.

_그리고 보면 '놓아 버린다'는 건 정말 놓는 게 아닐 수도 있어요.

무조건 나를 최우선으로 생각하고 자신을 괴롭히는 것들은 전부 놓아 버려도 된다고 말해 주세요. 그러면 마치 하루 종일 놀아도 된다는 소리에 펄쩍펄쩍 뛰어오르는 아이처럼 에너지를 되찾게 될 거예요. 결국 그 밝고 힘찬 에너지가 우울증도 몰아낼 거고요.

분명한 건 내가 나를 그렇게 아끼고 사랑해 주는데 우울증이 오래 머물 수는 없다는 사실이에요.

고맙다고, 믿는다고,
스스로에게 말해 주세요 ❀·

  우리는 하루에도 셀 수 없을 만큼 남들을 향해 '고맙습니다.'라는 인사를 건네죠. 물건을 사거나 전화를 하거나 길 하나를 물어볼 때도 습관적으로 '감사합니다, 고맙습니다.'라는 말을 하곤 해요. 그런데 자신에게는 얼마나 자주 고맙다고 말해 주나요? 생각해 보면 남들보다 내가 더 나를 위해 많은 일들을 해 주고 있잖아요. 일어나서 잠이 들 때까지 내가 나를 위해 해 주는 일들은 셀 수가 없을 정도죠. 근데 왜 우린 그런 자신에게는 고마워하지 않는 걸까요?

  저 또한 스스로에게 감사하다고 말해 주는 게 자존감에 도움이 된다 해서 시도해 봤지만 번번이 실패했어요. 우울증에 걸려서 빌빌거리고 있는 내 자신이 뭐가 고마운 건지 도무지 알 수가 없었거든요. 또 그런 말을 한다는 자체가 오글거리기도 했고요. 그래서 그냥 영혼 없이 형식적으로만 감사하다고 했어요. 뭐가 고마운 건지 잘 모르겠지만 암튼 고맙다고. 그런데 고맙다는 말을 자꾸 하다 보니 뇌가 그 이유를 찾으려고 시도하더라고요. 대체 뭐가 고맙다는 건지 궁금했나 봐요. 그러던 어느 날 이런 걸 알게 됐어요.

  며칠간 고민한 끝에 줌바 댄스 수업을 듣기로 결정한 날이었어요.

굉장한 몸치인 제게 댄스 수업은 큰 도전이었죠. 이런 결정을 할 수 있었던 이유를 곰곰이 생각해 보니, 제 안에는 남들 앞에서 춤추는 것을 부끄러워하는 '나'와 춤을 통해 즐거워지고 싶은 '나'가 동시에 존재하고 있는 거였어요. 춤추는 걸 부끄러워하고 두려워하는 '나'가 춤을 통해 즐거움을 느끼고 싶어 하는 '나'에게 양보해 줬기에 제가 댄스 수업을 들을 수 있었던 거죠.

_그런 저에게 고맙다고 말해 줘야 하지 않을까요?

자신에게 고맙다고 말해 주다 보니 신기하게도 저 자신을 좀 더 이해하게 됐어요. 의식하진 못했지만 제 안엔 수많은 '나'들이 있다는 걸, 그 '나'들이 서로를 아끼고 보살펴 주고 있다는 걸 말이죠. 자살하고 싶을 만큼 상처를 입은 '나'도 있지만, 살아서 햇빛과 커피 한 잔을 즐기고 싶은 '나'도 있던 거였죠. 저는 항상 하나의 고정된 '나'만 있다고 생각했는데 제 안에는 제가 사랑하고 고맙다고 말해 주고 싶은 수많은 '나'들이 있었어요.

이런 깨달음을 얻은 뒤부터는 감사 일기를 쓸 때도 방법을 바꿨어요. 예전에는 어떤 절대자를 향해 제게 이런저런 것들을 주셔서 감사하다고 썼지만, 이제는 저 자신에게 감사한 것들에 대해 써요. '자살하지 않으려고 손목을 꽉 잡고 버텨 줬던 나, 고마워.'라거나 '오늘 기운 내서 밥 먹어 준 나, 고마워.' 이런 식으로요. 어떤 '나'가 어떻게 고마웠는지를 구체적으로 쓰는 거죠. 스스로에게 감사 일기를 쓰는 시간은 아

직도 저 자신에 대해 모르는 것들을 하나씩 알아 가는 시간이기도 해
요. 그러다 보니 정말로 자존감이 조금씩 채워지는 게 느껴졌어요.

　제가 자신을 혐오스럽게만 생각했던 건 제 안에 있는 수많은 '나'
들을 못 봤기 때문일지도 몰라요. 스스로를 향해 고맙다는 말을 건네
기가 힘들었던 것 또한 제가 고집스럽게 하나의 '나'만 봤기 때문일지
도 모르죠. 지금 여러분 안에도 분명 고마운 '나'들이 많이 있을 거예
요. 지금 그 존재들에게 말해 주세요, 고맙다고….

part 4

우울증 탈출을 위한
실전 매뉴얼 ①

생각은
최대한 밀어내기

우울증으로 인한 고통이 반복되면 자신을 방어할 수 있는 힘이 전부 소진돼 버려요. 공성전 끝에 성벽이 무너지는 것과 같죠. 성벽과 같은 역할을 하는 마음의 면역력이 무너지고 나면 우리를 지켜 줄 게 하나도 남지 않아요. 바닥난 방어력을 다시 재건하기 위해선 일단 고통부터 줄여야 하죠. 고통에서 벗어나는 시간을 확보해야 그만큼 정신력이 회복되거든요.

우울증으로 인한 고통을 줄이기 위해 맨 처음 해야 할 일은 생각을 최대한 끊어 내는 거예요. 생각의 끈 한쪽을 우울증이 계속 잡아당기고 있는 상황이니까요. 이 말을 들으니 다시 부정적인 감정이 올라오나요? '그게 되면 우울증이 아니지!' 이런 생각이 드나요? 물론 처음부터 생각의 수레바퀴를 완전히 멈추는 건 불가능해요. 하지만 5분 정도라면 충분히 도전해 볼 만하죠. 하루에 딱 5분만, 우울증에 잡혀 있던 생각의 끈을 놓아 버리고 재밌는 일, 웃을 수 있는 일을 만들어 보세요. 단, 매일 한 번은 꼭 그렇게 해야 해요. 짧은 시간이지만 규칙적으로, 몸에 습관이 배게끔 하면 어느 날 이 5분들이 쌓여 내면의 치유자를 다시 살려 낼 수 있어요.

생각을 끊어 내는 방법에는 세 가지 단계가 있어요.

<1단계> 알아차리기

이 모든 우울하고 끔찍한 생각들이 우울증의 증상들이라는 걸, 이런 감정들은 나를 고통스럽게 하는 것 이외엔 아무런 의미가 없다는 걸 알아차려야 해요. 특히, 우울증이 심할 때 대체 내가 왜 이러는지 원인을 찾겠다고 과거의 기억이나 상처들을 끄집어내는 건 도움이 안 돼요. 이때는 자신을 분석하지도 말고, 부정적인 생각들에 집착하지도, 가까이 다가가지도 않는 게 좋아요. 이런 순간에는 자신을 사랑하려 노력하거나 자존감을 높이기 위해 애쓸 필요도 없어요. 차라리 '나'를 잊어버리고 다른 것에 집중하는 것이 더 낫죠.

우울증은 우리의 모든 감각에 필터를 씌워 놓아요. 보는 것, 듣는 것, 생각하는 것, 느끼는 것 모두 이 '우울의 필터'를 통과하게 되죠. 아무리 향기로운 냄새도 이 필터를 거치면 생선 썩는 냄새로 변해요. 그러니 이럴 때는 냄새 맡는 것 자체를 피하는 게 상책이에요. 우울증이 심할 때는 현실을 있는 그대로 볼 능력이 없거든요. 이런 상태에선 생각이란 걸 하면 할수록 우울증이 더 심해지는 결과를 낳게 되죠.

하지만 '알아차리는 것'은 쉬운 일이 아니에요. 그럴 때, 지금 나의 생각과 감정들이 죄책감, 수치심, 열등감, 불안감 등과 관련이 있는지 생각해 보세요. 만일 그렇다면 아무리 합리적인 이유가 있더라도 그건 제대로 된 생각과 감정이 아니라 우울증의 한 증상이라고 생각하면 돼요. 그리고 그 생각을 향해 이렇게 말하세요. "네가 진짜가 아니라 우울증이라는 거 다 알아."

<2단계> 맞서 싸우기

알아차렸다면 이제 그 생각과 싸워야 할 차례예요. 적을 확인했으니 잡아야죠. 고통스럽게 만드는 생각 하나를 발견했다면 거기에 압도되거나 끌려다니지 말고 그 즉시 저항하세요. "꺼져!"라고 소리치면서 맘껏 욕해도 좋아요. 그런 생각이 발견되면 저는 머리를 좌우로 세차게 흔들면서 "그만해, 됐어! 혼자 잘나셨네. 꺼지라고. 나가 죽어!" 이런 식으로 단호하게 말해요. 이때도 마음속으로 혼자 말하는 것보다 입 밖으로 소리 내 말하는 게 더 도움이 돼요. 사람들이 듣든 말든 뭔 상관이에요, 지금 내가 죽게 생겼는데.

이 싸움에서 꼭 이길 필요까지는 없어요. 경험이 없으니 처음에는 얻어맞고 삐는 게 당연해요. 중요한 건 '바보 같은 생각들'에게 화를 내고 거부하고자 하는 나의 의지예요. 100번 싸워 99번을 졌다 해도 느긋하게 생각하세요. '생각을 통제한다'는 건 우울증이 없는 이들에게도 힘겨운 일이에요. 잘 안 된다고 실망부터 하면 오히려 우울증에 해로워요. 시간이 걸려도 포기하지 않고 싸움을 계속해 나가면 우울의 정도도 조금씩 줄어들 거고 결국 '부정적인 생각'과의 싸움도 끝이 날 거예요. 내가 지금 싸우고 있다는 것, 그것만이 가장 중요해요.

<3단계> 몸을 피곤하게 하기

생각과 맞서 싸우려면 미친 듯이 날뛰는 생각 자체를 약화시킬 필요가 있어요. 그럴 때 가장 좋은 방법은 몸을 죽을 만큼 피곤하게 만들어서 생각 자체의 힘을 빼 버리는 거예요. 생각은 몸의 영향을 많이 받아요. 몸을 힘들게 하면 생각도 자연히 힘을 잃죠. 안 좋은 생각이 들기 시작하는데 차단도 잘 되지 않는다면 무조건 밖으로 나가서 걷거나 몸 쓰는 일을 하는 게 좋아요. 지쳐 쓰러질 정도까지 걷다 보면 고통스러운 생각이 사그라드는 걸 느낄 수 있어요. 저 같은 경우엔 하루 종일 매장들을 돌아다녀야 하는 '미스터리 쇼퍼' 알바를 한 적도 있는데 도움이 많이 되었어요.

몸을 피곤하게 하는 건 일종의 명상과 같은 효과가 있어요. 명상의 핵심은 결국 현재의 감각에 집중해서 생각을 가라앉히는 것인데 '걷기'는 현재의 감각에 집중하게 만드는 방법 중 하나죠. 같은 원리로 즐거운 일을 하는 것도 도움이 돼요. 그 일에 집중할 수만 있다면 말이죠. 하지만 우울증이 심할 때는 명상을 하는 것도, 즐거움을 느끼는 것도 어려우니 걷거나 몸 쓰는 일을 하는 게 더 쉬울 거예요.

치유 과정을
기록하고 공유하기 ✤

우울증에서 벗어나기로 마음먹고 시작한 것 중 하나가 '다음' 포털에서 운영하는 브런치에 '우울증 치유 매뉴얼'을 연재하는 것이었어요. 웃기죠? 전문가도 아닌 제가, 그것도 심한 우울증을 앓고 있는 상태에서 우울증 치유에 대해 이야기한다니⋯.

사실 지난 20년간 전 우울증에서 빠져나올 수 있을 거라는 희망을 품고 이것저것 시도해 봤다가 수없이 절망했던 경험이 있어요. 나중엔 정말 '희망'에게 고문을 당하는 상황까지 갔죠. 그래서 연재를 시작하면서도 우울증에서 나을 거라는 희망은 차마 갖지 못했어요. 하지만 분명한 건 우울증에 맞서 싸우는 순간만큼은 우울증에서 벗어날 수 있다는 거였어요. 저는 그 순간에 대해 쓰기로 했죠.

머릿속에 떠오르는 방법들을 하나씩 시도해 보고, 조금이라도 효과가 있으면 정리해서 브런치에 올렸어요. 제 글을 읽는 구독자들이 조금씩 늘어나니 책임감도 생기더라고요. 예전엔 뭔가를 시도했다가도 우울증으로 인한 무기력증 때문에 쉽게 포기했지만 이번엔 달랐죠. 꼬박꼬박 내 글을 읽어 주고 나의 조언을 기다리는 사람들이 있었어요. 그만두기가 쉽지 않았죠.

우울증이 낫지 않을 거라는 절망, 그 고통의 깊이를 전 누구보다도 잘 알아요. 저도 한때는 인터넷과 책을 뒤지며 우울증에 대한 해답을 찾아 미친 듯 헤매기도 했거든요. 절실하게 희망의 끈을 찾는 이들이 있다면, 그들이 제 글에서 작은 빛이라도 보게 된다면, 이런 생각들 때문에 저는 우울증과의 투쟁을 멈출 수가 없었어요. 만약 브런치에 글을 쓰지 않았더라면 아마도 전 무기력증에 다시 발목을 잡혀서 아무것도 하지 못하는 예전의 상태로 돌아갔을지도 몰라요.

글을 연재하는 동안에도 저는 우울증이 계속 심해졌다 약해졌다 하는 과정을 반복했어요. 점점 약해지긴 했지만 처음 1~2년간은 여전히 힘들었어요. 죽어라 노력해 한 걸음 앞으로 나아가면 곧 열 걸음 후퇴하는 일들이 반복되었죠. 그중에서도 가장 힘들었던 건 이 모든 게 아무 소용없는 짓이라는 절망감이었어요. 우울증은 제가 잘했던 것들, 열심히 했던 일들, 즐거웠던 순간들을 모두 쓰레기통에 처박아 버렸죠. 그렇게 우울의 소용돌이 속으로 다시 빨려 들어갈 것 같은 순간, 저를 잡아 준 건 브런치에 남은 기록들이었어요. 그 기록들은 그동안 제가 해 온 것들을 낱낱이 보여 주고 있었죠.

브런치 속 문장 하나하나엔 고통에 발버둥 치는 내가, 살아남으려 애쓰는 내가, 필사적으로 자신을 보호하려는 내가 또렷하게 남아 있었어요. 우울증을 극복하기 위해 찾아가던 장소들, 새롭게 시도해 봤던 일들, 그 순간 느꼈던 해방감, 잠시나마 살고 싶게 만들어 주었던 충만함 그리고 그보다 더 많은 실패와 좌절의 순간들…, 이 모든 것들이 그 안에 담겨 있었죠. 그 기록들을 찬찬히 읽어 가다 알게 되었어요.

_나는 조금씩 성장하고 있었다는 걸….

이 깨달음 때문에 전 다시 한번 우울증이 가져다주는 공허감, 허무함, 절망감에 맞설 수 있었어요. 그리고 누군가에게 작게나마 도움을 줄 수 있었죠.

글을 잘 쓰든 못 쓰든 상관없이 자신의 경험에 대한 솔직한 이야기는 어느 누구에게라도 도움이 될 수 있어요. 저도 다른 사람들이 쓴 우울증 투병기를 많이 찾아 읽었고 여전히 읽고 있거든요. 어떤 종류의 약을 얼마나 먹는지, 어떤 부작용이 있는지, 어떤 효과가 있는지에 관한 간단한 기록도 누군가에겐 병원에 갈 결심을 하게 만드는 중요한 정보가 될 수 있거든요.

절망 속에서 인터넷 창에 '우울증에서 낫는 방법'을 써넣을 누군가를 위해, 하루하루 우울증과의 싸움을 계속해 나가고 있는 나 자신을 응원하기 위해, 저는 오늘도 기록을 남깁니다.

밖에 나가
물건 3가지 사 오기 ❁·

    몸을 쓰는 활동은 우울증 치료에 약만큼이나 좋은 효과가 있어요. 알바도 좋고, 그냥 거리를 걷는 것도 좋아요. 밖으로 나가는 게 부담스럽다면 집에서 청소를 하거나 요리를 하는 것도 괜찮고요. 뭐든 몸을 많이 움직이고 엄청 피곤해지는 일이면 돼요. 몸이 피로하면 생각 자체가 줄어들고, 결과적으로 우울증으로 인한 부정적인 생각도 약해지거든요.

    단, 운동을 시작하는 건 별로 추천하고 싶지 않아요. 우울증일 때는 뭔가를 꾸준히 한다는 것 자체가 불가능해요. 특히 지루하게 같은 동작을 반복해야 되는 헬스 같은 운동은 더욱 그렇죠. 그러다 보면 등록해 놓고도 자꾸 안 가게 될 거고 결국 '난 이것도 못 해내는구나. 그럴 줄 알았어. 난 살 가치가 없어.'라는 식으로 생각하게 될 수도 있어요. 우울증에서 벗어나려고 운동을 시작한 건데 오히려 역효과가 나는 셈이죠. 그래서 처음에는 아무 부담 없이, 그날그날 자기 기분에 따라 해도 되고 안 해도 되는 자유로운 활동을 선택하는 게 더 좋아요.

_제가 억지로라도 몸을 움직이기 위해 처음 했던 일은
'다이소'에 가는 거였어요.

이 방법에는 몇 가지 장점이 있었어요. 일단 목적지가 확실했죠. 우울증 때문에 에너지도 거의 없는 사람이 무작정 거리로 나간 다음 그 후에 어디에 갈지, 무엇을 할지 결정하는 건 굉장히 어려워요. 정처 없이 걷다 보면 정신적인 피로감이나 무기력감이 더 심해지기만 하죠. 그러다 보면 처음의 목표는 금세 잊은 채 다시 침대로 돌아올 확률이 높아요.

제가 처음 외출을 감행했을 땐 사람들이 모여 있는 곳에만 가도 숨이 막히고 쓰러질 것 같았어요. 발을 움직일 수가 없어 한동안 길 한복판에 멈춰 서 있기도 했죠. 그런데 밖으로 나가기 전에 목적지와 할 일을 명확하게 정하고, 이동 경로(공황 증상이 있다면 사람들이 많이 다니지 않는 경로 등 자신이 편하고 안전하게 느끼는 길을 이용하세요)를 구체적으로 생각해 두면서부터는 외출이 좀 편해졌어요. 이렇게 하면 우리 정신이 앞으로 닥칠 일들을 견뎌 낼 준비를 하고 또 거기에 필요한 에너지를 최대한 짜내기 때문에 쉽게 포기하지 않게 돼요.

그래서 저는 '다이소에 가서 물건 3가지 사 오기'라는 미션을 걸고 외출을 시작했어요. 다이소라는 곳이 저렴하면서도 재미있는 물건이 많은 장소라는 것도 장점이었죠. 우울증이 심할 때는 호기심도 없고 아무 의욕도 없잖아요. 그런데 물건 3가지를 사는 게 미션이니 어쩔 수 없이 진열대를 들여다보게 되더라고요. 한눈에 봐도 푹신해 보이는 쿠션들, 스케치북의 하얀 종이, 알록달록한 머리 끈들, 당근이 달려 있는 볼펜, 난생 처음 보는 아이들 장난감…. 오랜 우울증으로 감각이 무뎌져 있던 제게는 이곳이야말로 신천지였어요. 그날 제가 사온 건 어쩌면 물건이 아니라 '호기심 3가지'인지도 모르겠어요. 집에 와서 사 온 것들을 모아 놓고 한참 바라봤어요. 그러다가 그냥 버리기 아깝다는 생각이 들어 사인펜으로 스케치북에 선도 긋고 뜨개질도 한번 해 보았죠.

이 미션을 완수하고 제가 얻은 것은 다음과 같아요.

(1) 상쾌한 바깥 공기를 쐬고 몸을 움직인 것
(2) 길거리의 사람들과 같이 호흡하면서 잊고 있던 일상생활의 온기를 느낀 것
(3) 뭔가를 결정하면 해낼 수 있다는 자신감을 얻은 것
(4) 새롭고 예쁜 물건들을 보면서 우울증에 대해 잠시 잊을 수 있었던 것

2년 전 처음으로 걸어서 15분 정도 거리에 있는 다이소에 다녀왔을 때, 이 정도의 활동만으로도 전 쓰러질 만큼 힘들었어요. 다이소에 다녀오는 것이 뭐가 대단하냐고 할 사람들도 있겠지만, 제겐 이 시도야말로 위대한 첫걸음이었죠.

꼭 물건을 사 오는 미션이 아니라도 괜찮아요. 분위기 좋은 카페에 가서 차 한 잔 마시고 돌아오기, KFC에 가서 치킨 한 조각 먹고 오

기 등 자신의 취향에 맞는 미션을 정해서 시도해 보면 돼요. 처음에는 한 장소를 정해서 매일 가다가 외출하는 게 좀 익숙해지면 장소를 바꿔 가며 다녀도 좋고요. 대신 출발하기 전에 장소는 명확하게 정하고 가야 해요. 그냥 '분위기 좋은 카페'가 아니라 '스타벅스 oo점' 이런 식으로요. 목적도 구체적이어야 해요. 서점에 간다면 어떤 작가의 무슨 책을 사 오겠다고 미리 결정하고 가야 해요.

어디든 괜찮아요. 마음을 단단히 먹고 집을 출발한 다음 흔들리지 말고 목적지를 향해 가세요. 몇 번 하다 보면 예쁜 운동화를 하나 사고 싶어질지도 몰라요.

침대에서 일어날 수 없을 땐
'챈팅 명상'

　우울증 때문에 침대에서 꼼짝할 수 없는 날이 있죠. 그런데 누워 있는 데도 노하우가 있어요. 그냥 가만히 있으면 끝도 없이 닥쳐오는 불안, 후회, 우울의 파도에 휩쓸려 바다 한가운데로 떠밀려 가게 되거든요. 그럴 때일수록 '현재'라는 튜브를 꽉 붙잡아야 해요. 잊히지 않는 과거나 미래에 닥쳐올 일들, 머릿속에 떠오르는 온갖 잡념들은 지금 이곳에 있지 않아요. 그것들은 절대 우리를 해칠 수 없어요.

　현재에 집중하도록 도와주는 것들은 여러 가지가 있어요. '걷기'처럼 몸을 피곤하게 만들어서 생각의 활동량을 줄여 주는 운동들도 있고, 몸의 감각에 집중해서 현재에 머물게 하는 명상법도 있어요. 건강한 방법은 아니지만 순간적인 통증을 이용해 몸으로 주의를 돌리게 만드는 '자해'도 그중 하나죠. 침대에서 꼼짝도 못 하는 날엔 '현재에 집중해야지.'라는 부담을 갖고 명상하는 것보다는 차라리 밖으로 나가 몸을 움직이거나 걸으면서 '챈팅chanting 명상'을 하는 게 더 효과적이에요.

　'챈팅 명상'은 좋은 말이나 구절을 직접 소리 내서 말하거나 들으면서 하는 명상이에요. 기도문을 소리 내어 읽거나 암송하는 것도 챈팅 명상의 일종이죠. 노래 가사도 좋아요. 아주 힘든 순간에 들으면 위로가 되는 노래를 하나 골라 반복해서 부르는 거예요. 챈팅 명상의 효과는 말의 내용에 있지 않아요. 중요한 건 어떤 문장을 반복적으로 말함으로써 머릿속의 생각들을 몰아내고 지금 들리는 나의 목소리, 즉 현재에 집중하게 만드는 것이죠.

우울증에서 이제 막 벗어나려고 버둥거리는 단계에서는 '자신을 사랑할 수 있는 방법'을 아무리 찾아봐도 헛수고예요. 우울증 필터 때문에 자신은 사랑받을 수 없는 존재로만 여겨지거든요. 자기 자신을 구체적으로 사랑하는 건 에너지가 좀 더 쌓인 다음에, 우울증 필터가 좀 제거된 다음에 시작해도 늦지 않아요. 그전까지는 그냥 '나는 나를 사랑한다.'고 자신의 뇌를 강제적으로라도 세뇌시켜야 해요.

그런데 솔직히 거울을 들여다보며 '나는 나를 사랑해.'하려니 토할 것 같더라고요. 거짓말을 스스로에게 강요하고 억지로 웃으려니 오히려 더 우울해졌죠. 대체 나란 인간은 얼마나 부족하기에 이렇게까지 해야 되나 싶기도 했고, 무엇보다도 이 문장들이 오히려 반발심을 불러일으켜서 '난 나 안 사랑하는데, 난 못생겼는데.' 이런 생각들이 튀어나오게 만들었죠.

그래서 챈팅 명상에 사용하기 위해 제가 신중하게 고른 문구는 바로 이거예요.

-나는 나를 좋아한다.
-나는 내가 예쁘다고(잘생겼다고) 생각한다.

-나는 당당하다.

저는 무럭무럭 자라나는 나무들을 좋아해요. 향기로운 커피를 좋아하고, 창가에 비치는 햇살을 좋아해요. 그리고 이런 것들을 좋아하는 나 자신을 좋아하죠. 저는 제가 원하는 것을 다 가진 다른 누군가가 되고 싶은 게 아니었어요. 그걸 가진 '나'가 되길 원하는 거였죠. 저를 사랑하는지는 모르겠지만, 좋아하는 건 분명해요. 우울증적 사고가 팩트 체크에 나서더라도 이건 거짓말이 아니었죠.

'나는 내가 예쁘다고 생각한다.' 이것도 거짓말이 아니에요. 내가 예쁘다는 건 거짓말일 수 있지만, 내가 예쁘다고 생각하는 건 내 자유니까요. 살면서 스스로의 외모에 대해 이 정도면 괜찮다고 생각한 순간이 한두 번쯤은 모두 있잖아요. 우울증에서 나을 수 있다는데 이 정도 말도 스스로에게 해 주기 싫다는 건 좀 야박한 것 같았죠. 그래서 이 말도 통과.

'나는 당당하다.'라는 문장은 어느 날 갑자기 튀어나왔어요. 그때도 저는 걸어가면서 앞의 두 문장을 계속 중얼거리고 있었는데 챈팅의 효과인지 마음이 조금씩 편해지기 시작했죠. 그 순간 저도 모르게 덧붙여진 문장이 '나는 당당하다.'였어요. 고작 하루 밖에 나가 걸었을 뿐인데 내 안의 상처가 아물기 시작했나 싶어 순간 가슴이 뭉클했죠.

그래요, 저는 당당해요. 비록 우울증 때문에 부모님에게 폐만 끼치지만, 하루에 책 한 페이지도 읽지 못하는 쓸모없는 사람이지만, 저는 당당해요. 왜냐고요? 그럼에도 불구하고 저는 다시 일어서기로 결심했고, 그래서 '나를 좋아한다, 내가 예쁘다고 생각한다.'라고 주문을 외우면서 죽을 만큼 노력하고 있으니까요.

챈팅 명상을 처음 시작할 때, 문장의 구체적인 내용에 대해선 당장은 크게 신경 쓰지 않아도 돼요. 내가 나를 사랑하는지 아닌지도 고민할 필요 없어요. 머릿속에서 우울증으로 인한 생각들이 시끄럽게 떠들어 댈 때, 우리는 그 소리들을 묻어 버릴 만큼 더 큰 목소리로 문장들을 암송하기만 하면 돼요. 마귀를 쫓는 기도문이나 주문이라고 생각해도 좋고, 부정적인 생각들을 향해 총을 쏜다고 상상하면서 암송해도 좋아요. 잡생각들이 챈팅 소리에 놀라 도망갈 수 있도록 최선을 다해 힘껏 외치세요.

침대에서 도무지 일어날 수 없는 날이면 누운 채로 챈팅 명상을 해도 괜찮아요. 근데 조심할 건, 우울증이 심할 때는 챈팅을 반복해도 효과가 없을 수 있어요. 다 거짓말 같고, 그냥 모든 걸 포기해 버리고만 싶죠. 하지만 그럴 때라도 저는 주문을 외듯이, 영어 단어를 외듯이 이 세 문장을 반복해요. 끝까지 포기하지 않고 나를 지옥으로 끌고 가려는 우울증을 향해 최소한의 저항을 하죠.

_이젠 바보같이 그냥 당하진 않을 거예요.

침대에 누운 채로 나를 사랑한다고 끊임없이 되뇌는 게 대체 무슨 효과가 있나 의심할 수도 있어요. 하지만 우울증과 처음으로 싸움을 시작하는 시기엔 벼락 같은 에너지가 아니라 바위를 뚫어 내는 작은 물방울의 힘이 필요해요. 오랜 기간 부정적 사고에 절어 있던 뇌에 작은 구멍을 내는 건 결국 내리꽂는 폭포수가 아니라 쉼 없이 떨어지는 작은 물방울이니까요.

도서관에서
산책하기 ♣.

    그동안 다이소에 여러 번 다녀왔다면 이젠 그 공간이 좀 지루하게 느껴질 수도 있어요. 처음엔 우울증 때문에 피폐해진 영혼에 알록달록한 색깔과 향기로운 냄새와 다양한 디자인의 물건들이 신선한 자극이 되어 줬을 거예요. 덕분에 우울증에서 벗어날 용기가 조금이라도 생겼다면 이젠 차차 더 발전된 자극을 줄 필요가 있어요. 그럼 상점 다음에 가 볼 만한 곳으로 어디가 좋을까요?

    물론 각자의 취향이 있겠지만, 동선을 갑자기 확 늘리지 않고 집 근처에 혼자 조용히 다녀올 수 있는 장소라면 좋을 것 같아요. 저 같은 경우는 도서관이 바로 그런 곳이었어요. 요즘엔 웬만하면 동네마다 작은 도서관이 하나쯤은 있잖아요. 걸어서 갈 수도 있고, 동네 아이들이 몰릴 시간만 잘 피하면 너무 번잡스럽지도 않고, 돈이 없어도 되고, 보고 싶은 책도 빌려 올 수 있고, 오가며 싱그러운 햇살을 듬뿍 맞을 수도 있는 곳이죠.

    처음에는 아마 책을 고를 수도, 읽을 수도 없을 거예요. 괜찮아요. 도서관에 간다고 해서 꼭 책을 읽어야 하는 건 아니니까요. 편하게 마음먹고 '책 구경 간다.'고 생각하세요. 사실 책들도 보면 표지 디자인이 다 다르고, 색감도 풍부하고, 제목도 재미있는 것들이 많아요. 특히 잡지들이 그렇죠. 미술 분야나, 건축, 디자인, 의상 쪽 잡지들은 굳이 읽지 않고 눈으로만 봐도 충분히 즐겁답니다.

처음엔 서가 사이를 천천히 산책하면서, 책과 책 사이를 어슬렁거리면서, 책등에 적힌 제목만 보세요. 마음에 드는 책이 있다면 잠깐 멈춰 서서 살펴보아도 좋아요. 어린이 책들도 추천해요. 길이가 짧아 읽는 데 큰 부담이 없고, 예술적인 삽화들로 가득한 그림책 같은 경우엔 영혼을 맑게 정화시켜 주기도 하거든요. 이야기를 따라가다 보면 생각도 삶도 딱 일곱 살 아이처럼 단순해지는 느낌이 들죠.

저도 처음엔 일주일 정도 도서관에 다니며 책 제목만 읽었어요. 서가들 사이를 천천히 걸어 다니다 힘이 들면 의자에 앉아 멍 때리며 쉬었어요. 도서관 서가를 다 훑은 다음에는 오늘 해야 할 일을 모두 끝냈다고 스스로를 칭찬하면서 점심을 먹으러 갔죠.

예전에 감명 깊게 읽었던 책들을 서가에서 발견하면 얼마나 반가운지 몰라요. 지금은 염소젖과 흰 빵밖에 기억이 나지 않는『알프스 소녀 하이디』도 꺼내 보고『톨스토이 단편선』을 빌리기도 하고. 그렇게 점점 도서관에 앉아 책 읽는 시간이 길어지고 빌려 오는 책들도 늘어 갔죠. 그러다 보니 관심이 가는 분야도 하나둘 늘어나고, 마음속에서 뭔지 모를 의욕이 생기기 시작했어요.

일주일쯤 지나자 변화가 찾아왔어요. 뜨개질에 관한 책 앞을 지나치는데 문득 뜨개질을 배우고 싶다는 생각이 드는 거예요. 마침 우울증으로 힘들 때 뭔가 집중할 만한 취미 생활이 없을까 고민하고 있었는데 '뜨개질'이라는 글씨가 딱 하고 눈에 들어온 거예요. 그래서 책을 빌리고 유튜브를 보면서 뜨개질을 배우기 시작했죠.

전통 민화에 관한 책들 앞을 지나다 갑자기 민화가 그리고 싶어진 적도 있어요. 그래서 민화박물관도 찾아가고 민화에 관한 책도 빌리고, 강좌를 알아보기도 했죠. 우연히 미술 치료에 관한 책을 읽은 날엔 드로잉북에 오일 파스텔로 그림을 그려 보기도 했고요. 그렇게 그림 그리기라는 또 하나의 취미가 생겨났죠.

책 제목만 읽는 간단한 산책이지만 그 사이 저의 뇌는 많은 일을 했어요. 제목들을 보면서 옛날에 읽었던 책을 떠올리기도 하고 예전 경험과 연관된 것들도 기억해 냈죠. 그러는 동안 마음 한구석에서는 작은 움직임들이 일어났어요. 무엇보다 보고 싶은 것, 하고 싶은 것 등 호기심과 관심이 생기기 시작했죠. 여행, 뜨개질, 철학, 그림책….

집에 가만히 있었더라면 저는 아마 이런 것들을 영영 찾아내지 못했을 거예요. 반대로, 작정하고 도서관에 찾아가 책을 읽으려 했다면 한 페이지도 넘기지 못했을 거고요.

도서관에 산책 갈 때면 꼭 기억하세요. 중요한 것은 책이 아니라, 우리가 갈 수 있는 장소와 우리가 해낼 수 있는 일이 한 가지 늘었다는 사실이라는 걸.

가까운 전시장, 공연장
방문하기 ·❀·

다이소까지 걸어가서 물건 사 오기를 며칠 한 다음엔 조금 더 멀리 가 보기로 하고 극장에 가서 영화 <리틀 포레스트>를 봤어요. 그리곤 명동성당까지 들러 구경하고 왔죠. 조금씩 외출에 익숙해지자 다음 날에도 어딘가를 가야 할 것만 같아 이리저리 고민을 했어요. 대중교통을 이용해 1시간 내로 갈 만한 곳을 찾다 우연히 발견한 곳이 국립중앙박물관이에요. 예쁘고 다양한 기념품들도 유명하고 상설 전시는 무료라고 해서 망설이지 않고 결정했죠.

처음엔 솔직히 회의적이었어요. 지금 내가 안고 있는 우울증이나 진로 문제 등과 아무 관련도 없는 곳에서 뭘 얻을 수 있을까 싶었거든요. 그래도 우울감을 잊기 위해서는 몸을 피곤하게 만들어야 하고, 정신에도 뭔가 새로운 자극을 주어야 한다는 생각으로 찾아갔어요. 박물관인데, 뭘 더 바랄 수 있겠어요?

전시관으로 들어가자마자 어둠 속에서 암각화가 그려진 거대한 벽이 모습을 드러냈어요. 근데 벽을 가득 채운 고래와 물고기, 사슴 같은 것들을 보는 순간 울컥하는 거예요. 뭔가가 가슴을 강하게 내리치는 느낌이었죠.

'바위에 저 그림을 새긴 이는 지금의 나와 같은 평범한 사람이었겠지. 사슴을 사냥하고 집에 돌아와 가족들과 푸짐한 저녁 식사를 했을 거야. 배불리 먹으면서 다음번에도 사슴을 잡을 수 있길 희망했겠지. 그 마음을 벽에 그림으로 남겼을 거고, 그렇게 그림을 그리다 해가 지면 잠을 자러 갔겠지. 고단한 몸을 누이며 내일을 준비했을 거야.'

지난 수만 년간 사람들은 그렇게 단순하게 살아왔어요. 우리도 어릴 때는 그렇게 살았죠. 눈뜨면 밖에 나가 뛰어놀고, 끼니때가 되면 밥을 먹고, 심심하면 종이에 그림을 그리기도 하면서. 그러다 해가 지면 새근새근 잠을 잤죠. 그때는 내일도 오늘처럼 괜찮을 거라는 걸 결코 의심하지 않았어요. 눈이 부시도록 단순한 삶, 복잡할 것 하나 없는 생명의 모습을 그날 전 벽화에서 발견한 거예요.

우울증에 걸린 이후로 저는 생명의 밝은 얼굴을 잃었어요. 시간과 공간을 마음껏 누리는 삶을 잊어버렸죠. 언제부터인지 저는 끊임없이 더 나은 무언가가 되기 위해 존재하고 있었어요. 제가 뭘 하고 싶은지는 전혀 중요하지 않았죠. 부모님이, 주위 사람들이 던져 주는 목표들을 추구하기 위해 저를 갈아 넣는 게 당연한 일이 되어 버렸어요. 그 목표에 방해가 되는 모든 것들은 시간을 낭비하는 거였죠. 쉬는 것, 노는 것, 가슴을 뛰게 만드는 일들은 제 삶에서 하나둘 치워지기 시작했고, 그 자리에 높은 목표, 엄격한 시간 관리, 빽빽한 계획표가 들어왔죠.

_그때 저는 몰랐어요. 제가 치워 버린 게
바로 제 인생 자체였다는 걸.

암각화를 보면서 전 다시 살고 싶다는 생각을 했어요. 원시인처럼, 일하고, 먹고, 놀고, 만들고, 그리고 싶었죠. 손을 이용해 도구들을 만들고, 발을 이용해 대지 위를 뛰어다니고 싶었어요. 그렇게 충만한 하루를 보내고 밤이 찾아오면 다음날 무엇을 할지, 무엇을 먹을지 기대하며 잠들고 싶었어요. 너무도 간절하게….

국립중앙박물관의 모든 전시물을 관람하는 데 3~4시간 정도 걸렸던 것 같아요. 육체적으로도 충분히 지쳤고, 무엇보다 선사시대부터 인류가 살아온 족적을 하나씩 마주하면서 '나의 삶'이 어떤 모습이어야 하는지 분명하게 깨달을 수 있었죠. '일상의 기본부터 회복하는 치유'에 대해서도 고민이 깊어졌고요.

그 뒤로 저는 박물관, 미술관, 공연장 같은 곳을 적극적으로 찾아다니기 시작했어요. 방에만 갇혀 있으면 절대 얻을 수 없는 무언가가 그곳에 있을지도 모른다는 생각이 들었거든요. 방문 후에는 기념품을 사왔어요. 입장권이나 굿즈나 하다못해 근처 카페에서 받은 컵홀더라도 모으기 시작했죠. 그것들을 상자에 모아 놓고 바라보면 기운이 났어요. 내가 이만큼 열심히 살아 냈다는 훈장 같았죠.

제가 박물관에 갈 때 이처럼 소중한 것을 얻어 올 거라고 전혀 생각지 못했던 것처럼, 내일 당신이 갈 그곳에도 무엇이 기다리고 있을지 궁금해지네요. 때론 우연히 들어선 길에서 소중한 인연을 만나기도 한다는 걸, 삶이란 그렇게 다채로운 빛깔을 지녔다는 걸….

내일 당신은 어디에 가고 싶은가요?

몸으로 배우는 삶 :
'도시농부학교'와 '모두의 학교' 🌿❀

국립중앙박물관에 다녀온 이후, 그동안의 내 삶은 '생명의 자연스러운 모습'과 동떨어져 있다는 생각을 하게 되었어요. 스스로 의식주를 해결하는 삶에서는 '나'란 존재가 굉장히 중요하죠. 먹거리를 마련하고 요리를 하고 옷을 만드는 삶에서는 '나의 노동'이 절대적이기 때문이에요. 그리고 그 힘든 노동의 목표는 결국 나를 잘 보살피기 위한 것이고요.

이런 생각들을 하고 있을 무렵, 중구청 홈페이지에서 '도시농부학교'라는 걸 발견하게 되었어요. 한 주는 기초 이론을 배우고 그 다음 주는 실제로 텃밭에서 농작물을 가꾸는 방식으로 진행되는 프로그램이었죠. 기쁘게도 수강료는 무료였어요. 첫 수업 때 받은 교재에는 서울 시내의 텃밭 지도와 기본적인 작물을 심고 수확하는 방법, 시기 등이 자세하게 나와 있었어요. 3월에는 상추, 케일, 브로콜리 씨앗을 뿌리고, 9월에는 옥수수를 베어 내고, 10월 말에는 양파 아주 심기를 해요. 김장 재료인 배추와 갓, 쪽파를 마지막으로 11월이 되면 텃밭 농사가 끝나요. 12월은 자연이 허락해 준 휴식의 달이죠.

처음 텃밭에 나가던 날은 이상하게도 기분이 들떴어요. 생명을 키운다는 것에 대한 묘한 기대감과 흥분 때문이었던 것 같아요. 시기에 꼭 맞춰 해야 하는 일들, 강렬한 흙냄새, 잡초를 뽑는 일들은 잠시나마 저를 우울증의 감옥에서 빼내 주었죠. 더불어 신선한 공기와 따가운 햇살도 듬뿍 쐬게 해 주었고요. 다른 도시농부들과 함께 일하면서 정도 많이 들었어요. 나이나 환경에 상관없이 서로 사는 이야기를 하고 간식을 나눠 먹었죠. 한여름 내내 잡초와 전쟁을 벌인 끝에 다 같이 '농포자'가 되긴 했지만, 그래도 맨손으로 흙을 만지고 하루가 다르게 커 가는 푸른 생명들을 바라보는 건 즐겁고 뿌듯한 일이었어요.

배추 심던 날이 지금도 기억나요. 그날 마침 비가 억수같이 왔는데, 이미 수업 준비가 되어 있어서 어쩔 수 없이 작업을 해야 했어요. 엄청난 비를 맞아 가며 배추를 심어야 했지만 작업이 끝난 후 사람들의 얼굴엔 뿌듯함이 그득했죠. 그 풍경 사이엔 온통 젖은 채로 웃고 있던 저도 있었어요.

_가슴 깊이 차오르는 충만함 속에서
우린 함께 떡볶이를 먹으러 갔어요.

도시농부학교는 봄부터 겨울까지 1년 내내 계속되었는데 정말 엄청난 경험이었어요. 직접 재배한 방울토마토나 상추, 케일을 먹는 즐거움이야 말할 것도 없고, 흙을 직접 만지고 내 노동으로 자라나는 생명들을 바라본다는 건 그 자체로 '치유'였어요. 이 경험을 통해 전 옷의 두께가 아니라 어떤 작물을 심고 수확해야 하는지를 떠올리며 계절을 느끼게 되었죠.

'모두의 학교'에서 업사이클* 수업을 들은 것도 비슷한 이유였어요. 안 입는 옷을 활용해서 새 옷과 가방을 만드는 수업이라 관심이 갔죠. 셔츠로는 가방을, 자투리 천들로는 원피스를 만들었어요. 손바느질은 거의 10년 만에 하는 거였는데 정말 좋았어요. 우울증으로 인한 잡생각을 잊게 해 주는 효과도 컸고요.

옷을 만드는 일은 굉장히 힘들었어요. 디자인도, 바느질도 각자 알아서 해야 했거든요. 다른 사람들은 다 잘 만드는데 저만 못 하고 있는 것 같아 창피했죠. 그러다 문득 이 초라한 옷이 저 같다는 생각이 들었어요. 항상 남들의 시선을 의식하고, 누군가에게 칭찬을 받지 않으면 불안해하고. 제가 만든 옷을 부끄러워했던 것처럼 그동안 전 제 자신 또한 부끄러워하고 있었어요.

그런데 생각해 보니 그럴 필요가 전혀 없더라고요. 사실 남들과 똑같은 것을 입으려면 그냥 사면 되잖아요. 이 초라한 옷이 가치 있는 이유는 제가 시간을 들여서 직접 만들었기 때문이죠. 마찬가지로 남들과 똑같은 인생을 살려면 굳이 저란 존재는 필요가 없죠. 제 삶이 가치 있는 건 그게 바로 저 자신의 것이기 때문이에요. 이런 깨달음 덕분에 저는 당당하게 제가 만든 옷을 입고 수업 마지막 날 열린 파티에 참석했어요.

---

* 재활용품에 디자인이나 활용도를 더해 가치를 높인 제품으로 재탄생시키는 것.

모두의 학교도 도시농부학교처럼 무료로 운영되고 있어요. 공공기관에서 주최하는 강의들은 수업의 질이 굉장히 좋고, 쉽게 경험할 수 없는 다양한 분야들이 있다는 게 특징이에요. 그래서 저도 관심이 있든 없든 여러 수업을 신청해서 들었어요. 덕분에 그동안 잊어버렸던 취미를 되찾기도 하고 새로운 관심사들도 여럿 생겼죠.

세상에는 얼마나 다양하고 재밌는 것들이 있을까요? 그중에서 내가 아는 건 얼마나 될까요? 경험들이 쌓여 갈수록 새로운 것, 다른 것에 대한 흥미와 의욕도 함께 자라날 거예요. 이렇게 즐거운 시간들이 계속된다면 우울증은 점점 더 설 자리를 잃어 가겠죠?

갇혔던 몸 해방시키기 : 춤 테라피 ✿

'춤 테라피'는 성북의료복지사회적협동조합에서 '주민건강리더' 프로그램을 운영한다는 말을 듣고 신청한 프로그램이에요. 주민건강리더가 되고자 하는 이들의 마음을 먼저 치유하고 그렇게 치유된 사람들이 다시 지역 주민들을 치유하도록 돕는 프로그램이었죠. 참가비도 굉장히 저렴했고 제겐 꽤 괜찮은 심리 치유 프로그램으로 보였어요. 애니어그램, 타로 심리 상담, 연극 치료, 춤 테라피 등으로 이루어져 있었는데 놀랍게도(?) 제가 그중에서도 가장 듣고 싶었던 것은 춤 테라피 수업이었어요.

춤 테라피 수업은 그동안 제가 우울증 치유를 위해 경험해 본 것들 중 가장 강렬하고 효과도 컸어요. 단순히 춤을 추는 것이 아니라 자유롭게 움직이며 사람들과의 관계를 몸으로 배워 나가는 과정이었죠. 우울증으로 인해 하루하루를 무기력하게 사는 동안 저에게 몸은 항상 거추장스러운 짐이었어요. 귀찮아도 먹여야 하고 씻겨야 하는, 성가신 동거인이었죠. 그래서 제대로 돌봐 준 적이 한 번도 없었어요. 애정은커녕 관심을 가진 적도 없었죠. 몸이 있어서 더 괴로웠으면 괴로웠지, 몸 덕분에 즐겁고 행복하다고 느낀 적은 단 한 번도 없었으니까요.

그런데 춤 테라피에서는 몸이 주인공이었어요. 몸에게 모든 주도권을 주고 알아서 활동하게 내버려 두었죠. 그러자 몸은 마치 기다렸다는 듯 이리저리 자유롭게 움직이고 신나게 뛰놀면서 스스로를 표현했어요. 무한한 자유가 있다면 딱 그런 상태일 것 같아요. 그런 극한의 즐거움을 경험하게 해 준 몸이 이젠 더 이상 밉지 않아요.

_나는 몸에 갇혀 있는 것이 아니라,
몸과 함께 살아가는 거였어요.

그곳엔 춤 말고도 사람들이 있었어요. 사람들과 함께 몸으로 소통하고 관계를 맺어 나가는 것은 정말 짜릿한 경험이었죠. 같은 공간에서 우리는 누구의 눈치도 보지 않고 열광적으로 몸을 움직였고 함께 실컷 웃었어요.

그 순간의 감정을 한 단어로 설명하자면, '해방'이라는 단어가 가장 적절할 듯해요. 몸을 움직이는 모든 활동들이 우울증 치료에 효과가 있지만 춤은 좀 더 특별한 것 같아요. 우울증을 앓는 이들은 온 신경이 정신과 마음에만 가 있잖아요. 근데, 생각해 보면 그동안 우울함의 덫에 갇혀 있던 건 마음만이 아니에요. 마음이 제대로 움직이지 않는 동안 나의 몸도 우울의 울타리 안에 꽁꽁 갇혀 있었던 거죠.

춤 테라피 수업을 마치고 돌아오는 길에는 행복 호르몬이 가득 든 통을 머릿속에 통째로 퍼붓는 느낌이 들 정도였어요. 충격으로 머리가 쪼개지는 것 같았죠. 너무 오랜 기간 행복을 모르고 살았다 싶기도 했고요. 춤 테라피 과정을 통해 잠들어 있던 몸이 깨어나자, 신기하게도 마음 또한 우울증에서 깨어났어요.

갇힌 몸과 마음을 해방시켜 줄 무언가를 당신도 꼭 찾았으면 해요.

작은 공동체에
참여하기 ❀·

춤 테라피 외에도 성북의료복지사회적협동조합의 '주민건강리더' 프로그램은 제게 마치 우울증 치유를 위한 통합적인 과정 같았어요. 각종 프로그램에 참여하며 사람들과 자연스럽게 어울리다 보니 다시 사회생활이란 걸 시작하게 되었죠. 또 협동조합 측에서 계속 소모임을 조직하고 활동할 수 있게 여러 프로그램들을 제공해 준 덕분에 2년이 지난 지금까지도 그때 함께했던 멤버들과 주기적으로 만나고 있어요.

이런 작은 규모의 공동체는 우울증 치유에도 커다란 도움이 돼요. 우울증을 앓는 이들은 어디에도 소속되지 못하고 부서진 통나무처럼 바다 위를 혼자 표류하는 신세죠. 저도 마찬가지였어요. 하지만 이런 소모임에 참여하게 된 이후엔 저를 붙잡아 주는 사람들과 조직이 생겼죠.

_이제 전 알 수 없는 곳으로
혼자 떠내려가지는 않을 거예요.

그 뒤로 주민건강리더 심화 과정, 야생화 자수 소모임, 타로 심리 상담 소모임 등 지역사회에서 본격적인 활동을 하기 위한 모임들이 계속

해서 이어졌어요. 덕분에 재료비만 내고 야생화 자수도 배우고, 타로 카드를 통해 내 마음과 대화하는 방법도 배웠죠.

지금 전 지난 2년간의 배움을 되살려 지역 주민들의 마음 치유에 도움이 될 수 있는 일을 하려고 준비하고 있어요. 이 과정을 통해 자존감이 정말 많이 높아졌다는 걸 느껴요. 하고 싶은 일도 찾게 되었고, 그 일을 어디서부터 어떻게 해 나가야 할지 감도 잡을 수 있게 됐죠. 이런 프로그램들이 은둔형 외톨이로 살아가는 청년들이나 우울증 때문에 길을 잃은 이들을 위해 더 많이 생겼으면 좋겠어요.

이런 치유 프로그램들이나 지역의 소모임은 그 자체의 내용도 심리 치유에 도움이 되지만 꾸준히 만날 사람들이 생긴다는 게 가장 큰 장점인 것 같아요. 일회성으로 치러지는 행사가 아니라 구체적인 목표와 장기적인 활동 계획을 가지고 있기 때문에 '공동체'에 소속되었다는 안정감을 바탕으로 꾸준히 참여할 수 있죠.

은둔형 외톨이나 우울증 경험이 있는 사람들은 비슷한 상황에 있는 사람들을 깊이 이해하고 공감하기 때문에 그들의 치유를 도와줄 수도 있어요. 오랜 기간 방에만 있어 봤기에 방 밖으로 나오길 두려워하는 마음을 정확히 알고 그에 맞는 도움을 줄 수 있는 거죠. 또 똑같이 우울증을 앓았다는 사실이 자신의 이야기를 두려움 없이 솔직하게 꺼낼 수 있게 해 주기도 하고요.

마음을 치유하는 프로그램들은 많아요. 근데 제 생각엔 마음 치유를 위한 방법들을 직접 배우고 이를 통해 다른 사람들에게도 도움을 줄 수 있는 '마음 치유 활동가' 양성 프로그램이 장기적인 면에서는 더 나은 것 같아요. 예전엔, 우울증으로 힘들었던 시간들은 내 인생에서 아무 의미도 없는 그저 잃어버린 나날들에 불과했어요. 그런데 이런 프로그램을 통해 우울증도 하나의 경험이고 경력이라는, 생각의 거대한 전환이 일어나게 되었죠.

내 인생은 '앞부분이 찢겨져 나간 망가진 책'이 아니라 '고난과 시련으로 이야기가 시작되는, 그러나 끝내 꺾이지 않고 살아남아 해피엔딩으로 마무리되는 책'이었던 거라고….

이제 전 우울증을 앓았던 과거의 시간과 경험들까지 모두 껴안고 앞으로 나아가려 합니다.

우울증 회복기에
빠지기 쉬운 함정

영화 〈리틀 포레스트〉는 제게 스릴러 영화와 비슷했어요. 함께 준비하던 시험에 남자 친구만 합격하자 주인공 혜원은 고향으로 내려가 무작정 농사를 짓기 시작해요. 그녀의 선택이 어떤 결말을 맺을지 너무 궁금해서 꽉 움켜쥔 손에 땀이 날 정도였죠. 혹시 내 인생의 해답이 이 영화 안에 있지 않을까 하는 기대마저 들었어요.

주인공의 고향 친구 '재하'의 말에 마음 한구석이 묵직해졌던 것도 그 때문일 거예요. 시험에 실패한 후 고향에 내려와 농사일을 돕고 음식을 하느라 바쁜 혜원에게 재하는 이렇게 말해요. "그렇게 바쁘게 산다고 문제가 해결돼?"

이 장면에서 저는 너무 심하게 팩트 폭격을 당해 하마터면 울 뻔했어요. 영화 속에서 인생의 답을 찾지 못한 이는 혜원밖에 없어요. 다른 친구들은 각자 자신의 위치에서 단단하게 잘 살아가고 있죠. 그녀 또한 나름 바쁘고 재미있게 살고 있지만 정작 가장 근본적인 문제는 해결되지 않은 채 남아 있었죠. 그런 그녀의 모습에 전 제 인생을 투사해 바라봤던 것 같아요. 그때가 우울증에서 벗어나기로 결심하고 이런저런 시도들을 하기 시작한 지 꼭 25일째 되는 날이었어요.

느리지만, 우울증에서 조금씩 회복되고 있는 건 분명했어요. 증상 자체는 많이 옅어지고 있었으니까. 하지만 아무것도 모르는 남들의 시각에서 바라보자면, 전 대책 없이 걷고, 놀고, 살고 있는 한심한 인간이었죠. 계속 이렇게 한다고 정말 우울증이 치료될지도 모르겠고, 설령 우울증에서 치유되더라도 이제 와서 내가 뭘 할 수 있을까라는 회의감이 들어 괴로웠어요. 우울증에서 벗어나더라도 아무것도 남은 게 없는 인생, 이미 폐허가 되어 버린 삶만이 기다리고 있을 뿐이었죠. 희망은 어디에도 없었어요.

이 책을 쓰고 있는 지금은 그때 저 자신이 어떤 단계에 있었는지 이해할 수 있어요. 25일 동안의 노력으로 우울증이 다소 완화되자 그동안 우울증 덕분에 외면할 수 있었던 현실의 문제들이 갑자기 들이닥친 거였죠. 우울증의 밑바닥에 있을 땐 자살이 실제적인 위협이기 때문에 현실이 잘 보이지 않아요. 또 우울증으로 인해 현실을 생각해 볼 에너지도 남아 있지 않죠. 현실의 고통은 언제나 우울증의 고통보다 작아서 그 그늘에 쉽게 가려지고, 우울감이 좀 사라지면 바로 모습을 드러내요.

앤드류 솔로몬은 『한낮의 우울』에서 우울증에 걸린 사람을 덩굴식물에 뒤덮여 죽어 가는 나무에 비유해요. 약물 치료로 우울증을 가라앉히는 건 나무를 덮고 있는 덩굴식물들을 뜯어내는 것과 같아요. 그런데 덩굴식물들을 제거했다고 나무가 금방 생명력을 되찾는 건 아니잖아요. 오히려 덩굴식물들에 뒤덮였을 땐 보지 못했던 나무의 겉 표면

이, 온통 말라 죽어 가는 자신의 진짜 모습이 햇빛 아래 고스란히 드러나죠. 덩굴식물들이 사라진다 해도 나무가 스스로의 모습을 되찾는 데까지는 오랜 시간이 걸려요.

_우리도 이 나무와 같아요.

회복기에 도사리고 있는 이 함정을 조심해야 해요. 그동안 우울증이라는 큰 고통에 가려져 있던 비참한 현실이 눈앞에 나타나기 때문이죠. 게다가 우울증에서 어느 정도 회복되었기 때문에 자살할 만큼의 에너지도 갖고 있는 상태라 더 위험할 수 있어요.

과연 이렇게 해서 우울증이 나을 수 있을지 의심이 들 때, 우울증에서 회복된다고 이미 망한 인생에 무슨 해결책이 있을지 좌절감이 들 때, 그런 생각을 최대한 멀리하고 '내가 우울증을 치료하고 싶은 이유'에만 집중해야 해요. 이 함정을 뛰어넘지 못하면 그동안 했던 노력들은 모두 물거품처럼 사라지고 다시 우울의 나락으로 끝없이 추락하게 돼요. 그러면 또 다시 답은 자살밖에 없는 상태가 되죠.

지금 그때의 나에게 조언을 해 준다면 이렇게 말하고 싶어요.

"우울증에서 낫기만 하면 다 잘될 거라는 말은 진짜였어. 일단은 낫는 것만 생각하고 열심히 놀아. 우울증으로 망한 인생을 한 방에 만회하고 그토록 바라던 멋진 성공을 이뤄 내는 삶은 아닐 수도 있어. 하지만 분명한 건, 우울증 후에 찾아올 인생이 어떤 것인지는 몰라도, 우울증에서 완전히 벗어난 사람은 자신의 삶에 만족할 줄 아는 지혜와 용기를 갖게 된다는 거야. 지금 내가 꼭 그렇거든."

_당신은 언제나,
당신의 상처보다 더 큰 존재입니다.

part 5

우울한 이에게
절대 하면
안 되는 말

노력하면 돼,
네 의지가 문제야! ♣.

　　우울증에 걸린 이라면 지겹게 들었던 말일 거예요. 자매품으로 "운동하면 우울증 낫는다.", "우울증은 병이 아니고 정신력의 문제다." 와 같은 말들이 있죠. 근데 우울증은 환자의 의지력을 공격해서 꺾어 버리는 병이기 때문에 의지만으론 쉽게 나을 수 없어요. 중증의 우울증을 의지로 이겨 낼 수 있는 사람이라면 그 사람은 우울증 환자가 아니에요.

　　그런데도 계속해서 우울증은 병이 아니다, 의지력으로 이겨 낼 수 있다, 이렇게 말하면 우울증 환자는 심한 자괴감을 느끼게 돼요. 안 그래도 우울증 때문에 고통받고 인생의 많은 기회들을 잃었는데 그 모든 게 병이 아니라 단지 의지력 탓이라고 하면, 그건 우울증에 걸린 이의 존재 자체를 완전히 부정하는 것과 같아요. 자기가 나약해서, 자기가 잘못해서 인생을 망쳐 버렸다는 뜻이잖아요.

> _대부분의 우울증 환자들은
> 초인적인 힘으로 삶을 버텨 내고 있어요.

　　우울증 환자들은, 노력하면 우울증이 낫는다고 쉽게 말하는 사람들보다 몇 십 배는 더 노력하고 끈질긴 인내력을 발휘하며 살아가고 있어요. 의지력을 비롯해 자신을 보호할 수 있는 방어 체계가 모두 무너진 상태에서, 매 순간 자살 충동을 느끼면서도 옥상에서 뛰어내리지 않고 자신의 자리를 지키고 있는 거예요. 이런 사람에게 나약하다느니 의지력이 없어서 이 꼴로 살고 있는 거라느니, 이런 막말을 하는 게 얼마나 잔인한 일인지 이제 아시겠어요? 특히 가족이 이런 말을 한다면⋯. 실제로 환자는 오직 가족에 대한 사랑 때문에 자살하지 않고 온 힘을 다해 견디고 있는 걸 수도 있는데 말이죠. 저 같은 경우엔 가족에게 이런 말을 들었을 때 세상과 저를 가까스로 연결해 주고 있던 마지막 끈이 스르르 풀려 버리는 것 같았어요. 그건 벼랑 끝에 서 있던 저를 낭떠러지로 밀어 버리는 말이었죠.

이런 말은 우울증 치유에도 전혀 도움이 되지 않아요. 우울증이 의지력 문제라는 말에는 우울증이 병이 아니라는 뜻이 내포되어 있거든요. 우울증 환자들 중 상당수가 처음에는 병에 걸렸다는 사실을 인식하지 못해요. 답도 없는 현실 때문에 우울하다거나, 자신이 게을러서 뭔가를 꾸준히 해내지 못하는 거라거나, 원래 타고난 성격이 어두워서 부정적인 거라는 식으로 생각하죠. 그래서 자기계발서를 탐독하면서 의지력을 강화시킬 수 있는 방법만 찾기 일쑤예요. 엉뚱한 데서 헤매며 치료할 시간과 기회를 낭비해 버리는 거죠.

저도 처음에는 공부에 집중하지 못하고 부정적인 생각으로 고통받는 게 제가 처한 현실이나 저의 성격 때문이라고만 생각했어요. 분명히 병인데 자꾸 의지와 노력의 문제로만 취급하는 사회 분위기 때문에 저도 깜박 속았던 거죠.

결국 이런 말들 때문에 환자도 가족도 병을 치료하기 위한 적절한 시기를 놓치게 돼요. 환자를 자극해서 자살로 내모는 건 덤이고요. 이렇게 긍정적인 건 하나도 없는 말을 굳이 할 필요가 있을까요?

너만 힘들어?
남들도 다 참고 사는 거야! ❋

이 말도 자주 들으셨죠? 비슷한 말로는 "배가 불러서 그런 거다.", "당장 먹을 것도 없는 사람들은 우울증에 안 걸린다."와 같은 것들이 있어요.

아빠에게 이런 말을 들을 때마다 전 마음이 많이 아팠어요. 제가 감당하고 있는 이 우울증이라는 병이 얼마나 고통스러운지, 제가 얼마나 열심히 싸우고 있는지 아무도 알아주지 않는 것 같아서요. 세상에 혼자 남겨진 기분이 들었죠.

사실 맞는 말이긴 해요. 세상에 안 힘든 사람이 어디 있겠어요? 우울증에 걸려도 수백 번은 걸렸을 정도의 고난을 겪으며 살아가는 사람들도 있겠죠. 하지만 상대방이 더 힘들다고 해서 제가 안 힘든 게 아니잖아요. 자기보다 더 아픈 사람을 본다고 해서 자기 병이 안 아픈 건 아니잖아요. 아마도 "너만 힘드냐? 나도 힘들어!"라는 말의 의미는 "내가 지금 너무 힘들어서 너에게 공감해 줄 수 없어." 정도의 의미일 거예요.

_어쨌든, 이런 말은 상대방의 감정을 무시하는 행동이에요.
특히 우울증 환자에게는 더 큰 상처를 주죠.

단지 우울증 환자가 정신적인 방어 능력이 약해서 보통 사람보다 쉽게 상처를 입는다는 의미만은 아니에요. 우울증 환자의 경우엔 다른 사람, 특히 보호자에게 힘든 걸 털어놓는다는 게 죽음을 선택하기 전 마지막으로 도움을 요청하는 것일 수도 있어요. 어떻게 벗어나야 할지 알 수 없는 고통에 죽을 만큼 시달리다가 제발 자신을 잡아 달라고 마지막에 내민 손일 수도 있는 거죠.

이럴 땐 그냥 아무 말도 하지 않고 우울증 환자의 손을 잡아 주면 좋겠어요. "힘들겠지만 잘 버티고 있어. 나랑 같이 계속 가 보자. 내가 함께해 줄게." 이렇게 말해 주세요.

위로가 되는 말은 이런 거예요.

다 집어치워,
이미 네 인생은 끝났어! 🌸

　　우울증 환자의 인생을 정말 끝장내 버리고 싶다면 이 말을 하면 돼요. 하지만 우울증 환자가 병에서 낫기를 바라고, 뭐라도 해서 살아 있기를 바란다면 절대 이 말은 하지 마세요.

　　우울증 환자가 우울과 불안에서 해방되지 못하는 가장 큰 이유가 바로 이거예요. 우울증 환자는 병 자체가 가져다주는 고통도 괴롭지만, 병에서 낫는 것을 더 두려워해요. 병이 나으면 이미 남들보다 뒤처진 자신의 인생을 마주해야 하니까요. 그 두려움이 우울증 환자의 우울과 불안을 끝없이 자극해 병에서 치유되는 걸 결정적으로 방해해요. 우울증에 걸린 이의 입장에선 차라리 죽는 게 더 편해 보이죠.

　　사실 이런 말은 건넬 필요도 없어요. 우울증에 걸린 본인이 더 잘 아니까요. 자기 인생은 남들과 다르다는 걸, 중요한 시기를 놓쳤다는 걸, 많은 기회들이 사라져 버렸다는 걸 말이죠. 그걸 알면서도 오늘도 우울증에서 벗어나기 위해, 외출하는 데 성공했다고, 30분 공부하는 데 성공했다고 스스로를 격려하며 전력을 다하고 있는 거예요. 오로지 죽지 않고 살기 위해서요. 근데 그 앞에서 '이미 늦었다.'는 말을 꼭 그렇게 하고 싶은가요?

이런 말을 할 정도면 보호자도 이미 우울증 환자로 인해 마음의 병이 깊어진 상태일 거예요. 이런 말을 하고 싶다는 건 보호자도 자신의 마음 건강을 보살필 필요가 있다는 의미예요. 하지만 보호자의 마음속에서 아무리 절망이 날뛰어도 환자 앞에서는 꾹 참고 치료를 계속 받으면 잘될 거라고, 우울증에서 낫기만 하면 지금 겪는 끔찍한 고통은 사라질 거라고, 그런 고통만 없으면 뭘 하고 살아도 행복할 거라고, 당분간은 발밑만 보고 한 걸음 한 걸음 나아가자고, 그렇게 격려해 주세요.

우울증을 앓는 이도, 그런 이를 보살피는 사람도, 우울증에서 완치되기 위해서는 인생이 끝났다는 식의 사고방식을 버려야 해요. 사람은 무언가를 이뤄 내기 위해서 사는 게 아니에요. 그런 기준이라면 실패한 사람은 모두 자살해야 하죠. 중병에 걸리거나 장애가 생겨서 더 이상 뭔가를 이뤄 낼 수 없다면, 죽어야 하나요?

사람은 스스로 행복하기 위해서 사는 거예요. 우울증으로 오랜 세월 투병하다가 나이 오십에 겨우 회복되어 처음으로 돈을 벌고 자신의 인생을 살아가기 시작했다고 해도 그 자체가 뭐가 문제죠? 오십살이면 아직 살아갈 날이 30년은 넘게 남았잖아요. 30년을 행복하게 살 수 있다면 된 거 아닌가요?

_사는 게 뭐 별건가요?

당신이 진심으로 이렇게 생각하든 안 하든 상관없어요. 어차피 이렇게 생각해야만 우울증에서 나을 수 있을 테니까요. 우리에겐 선택의 여지가 없어요. 보호자도 속으론 얼른 우울증이 나아서 시험에도 합격하고 취직에도 성공하고 그래서 그동안의 실패를 만회했으면 좋겠다고 생각하더라도, 겉으로는 그까짓 거 다 별거 아니라고, 다 집어치우고 아무것도 하지 말라고 말해 줘야 돼요. 저렇게 아픈 아이가 말하고 걷는 것만으로도 기적이라고 생각해야 해요. 그래야 하루라도 빨리 보호자가 원하는 대로 될 수 있어요.

이렇게 하면
우울증 낫는다더라 ♣.

우울증에서 벗어나는 방법에 관해 글을 쓰는 사람이 이런 말을 하면 안 된다고 하는 게 모순처럼 느껴지나요? 하지만 이 글을 쓰는 저도 우울증 환자에게 무턱대고 우울증에서 회복되는 방법들에 이런저런 것들이 있다고 말한 적은 한 번도 없어요. 브런치에 올린 제 글들을 읽어 보라고 한 적도 없고요.

저는 그저 우울증 환자들이 고통을 견디다 못해 도움이 될 만한 것들을 찾아 헤맬 때 제 경험이 도움이 되길 바랄 뿐이에요. 준비도 되지 않은 이에게 이것저것 방법들만 들이미는 것은 효과도 없을뿐더러 오히려 큰 상처가 될 수도 있어요. 조언을 해 주는 이는 돕고 싶다는 선의로 하는 일이겠지만, 조언을 듣는 우울증 환자는 자신의 고통을 상대방이 부정하는 것처럼 느낄 수도 있거든요.

다른 병도 마찬가지겠지만 우울증 환자들은 자신이 느끼는 고통에 대해 굉장히 민감해요. 그 고통을 경험한 적도 없는 사람이 와서 이래라 저래라 떠드는 걸 좋아할 리 없죠. 나는 지금 아파서 죽을 지경인데, 그런 건 대수롭지 않다느니, 충분히 극복할 수 있다느니, 네가 얼마나 힘든지 안다느니, 잘 참고 견뎌 보라느니 하는 말들이 귀에 들리겠어요?

더욱이 보호자가 이런 말들을 한다면 비난처럼 느낄 수도 있어요. "우울증 때문에 힘든 건 알겠어. 근데 왜 나을 수 있는 좋은 방법이 있다는데 시도도 안 해 보는 거야? 넌 정말 무책임해! 일부러 회피하는 거 아냐?" 환자 입장에선 이렇게 들릴 수도 있죠.

사람마다 우울증의 증상도, 원인도, 상황도, 효과가 있는 치유 방법과 걸리는 시간도 모두 다른데, 이런 건 다 무시해 버리고 "우울증의 원인은 이거고, 네가 이 방법을 진작 썼더라면 벌써 우울증이 완치되었을 거야."라는 말을 들으면 비난하는 것처럼 느껴져서 저도 불편해요. 이런 조언 때문에 상처받은 경험이 있다면 앞으론 가만히 참고 있지 말고 "내 우울증과 당신의 우울증은 달라요. 저는 제 속도에 맞춰 열심히 나아가고 있어요." 이렇게 딱 잘라 말하세요.

도움을 주고 싶다면 차라리 우울증 때문에 얼마나 힘든지 물어봐 주는 게 더 나아요. 그리고 권하고 싶은 방법이 있다면 지나가듯 가볍게 이야기하세요. 나중에라도 도움이 됐는지, 어떻게 생각하는지 이런 질문들은 절대 하지 말고 그냥 잊어버리세요.

제 경험을 되돌아보면, 처음에는 전혀 와닿지 않던 책들도 나중에 그 내용들이 필요한 단계에 도달하면 다시 생각나고 결국 도움이 되더라고요. 그래서 우울증 투병 중에는 당장 도움이 안 되더라도 우울증에 관한 여러 가지 글들을 읽어 두는 게 좋아요. 주변 사람들도 환자에게 괜찮은 책이나 글을 가볍게 소개해 주면 당장은 쓸모없더라도 나중에는 그런 사소한 실마리들에 의지해 자기만의 우울증 치유 방법을 찾아 갈 수 있을 거예요.

언제까지 이렇게 살 거야?
네 말은 믿을 수가 없어! ·✽·

이것도 우울증 환자의 목을 죄는 말 중 하나예요. 우울증이 낫는 데는 굉장히 오랜 시간이 걸리기도 해요. 기약 없는 우울증과 투병하느라 환자도 보호자도 모두 희망 없는 나날들을 힘들게 보내야 하죠. 우울증이 낫는 과정 또한 매일 조금씩 눈에 띄게 좋아지는 것이 아니어서 끝까지 희망을 붙잡고 있기가 어려워요. 그러다 보면 환자도, 보호자도 우울증이 나을 수 있는 병이라는 사실을 점점 믿지 않게 되죠.

하지만 꼭 기억해야 할 것은 우울증은 나을 수 있는 병이라는 거예요. 우울감을 아예 느끼지 않고 자살 충동도 전혀 없는, 항상 행복하고 즐거운 상태를 완치라고 생각한다면, 그런 건 장담할 수 없어요. 하지만 힘든 일이 없을 때는 우울과 불안을 거의 느끼지 않고, 힘든 일이 닥쳐와서 자살하고 싶은 생각이 들더라도 마음을 잘 관리하고 작은 행복에도 감사하며 버틸 수 있는 단계를 완치라고 본다면, 그건 가능해요.

사실 살아가면서 우울하거나 불안한 감정을 전혀 느끼지 않는다는 건 불가능해요. 부정적 감정을 느끼지 않는 상태를 '정상'이라 할 수도 없고요. 슬프고 힘들 때는 슬퍼하고 힘들어하는 게 정상인 거죠. 단,

부정적 감정으로 인해 정신이 가진 방어 능력이 현저히 떨어졌을 때, 그런 상태가 장기화되어 일상생활을 전혀 유지할 수 없을 때 그래서 자신의 목숨마저 버리려고 할 때를 병이라 할 수 있는 거예요. 우울증에서 벗어나기 위한 노력들을 꾸준히 하고 그래서 방어 능력이 어느 정도 돌아오면 얼마든지 일상생활을 할 수 있게 돼요. 어릴 때부터 우울증과 불안증을 선천적으로 타고났다고 생각할 정도로 정서가 불안했던 저도 거의 20년이란 시간이 걸리긴 했지만, 결국 성공했으니까요.

근데 생각해 보면 제가 20년 동안 우울증을 앓았던 그 모든 순간들이 병이 치유되어 가던 과정들이었어요. 아이가 자랄 때를 한번 생각해 보세요. 학습을 통해 무언가를 성취해 내고, 몸과 마음이 눈에 띄게 성장하는 순간들만 있는 건 아니죠. 멍하니 TV를 보고 있거나, 처음으로 거짓말을 하거나, 다른 아이를 할퀴고 돌아오거나 하는 순간들도 있기 마련이잖아요.

_인생은 결코 긍정적 활동들로만 채워지지 않아요.

우울증도 이와 비슷해요. 저 또한 불과 1년 전에야 본격적으로 우울증을 이겨 내겠다고 결심하고 여러 가지 방법들을 찾아서 시도했어요. 결과적으로는 1년이 좀 넘게 걸린 끝에 우울증의 영향에서 벗어나는 데 성공했죠. 근데 제가 이전에 이 방법들을 알아서 그대로 했다면 더 빨리 회복될 수 있었을까요? 저는 아니라고 생각해요.

우울증에서 벗어나겠다는 결심 자체가 거의 20년에 걸친 투병 경험이 낳은 결과물이에요. 우울증에 걸렸다는 걸 받아들이는 데 걸린 시간, 우울증이 어떤 병인지 알아 가는 시간, 나의 이런 생각과 고통이 우울증이란 병 때문이라는 걸 이해하는 시간, 자살은 결국 답이 아니라는 걸 납득하는 시간, 자살할 수도 이대로 살 수도 없으니 반드시 우울증에서 나아야겠다고 결심하는 시간, 자살이라는 마지막 계단 앞에서 그동안 자신을 괴롭혔던 모든 사고방식과 욕심을 내려놓는 시간, 온갖 책을 읽고 별의별 방법을 다 시도해 보던 시간, 여러 노력에도 불구하고 실패하고 좌절했던 시간….

이런 순간들이 모두 쌓여 '우울증에서 나을 준비'가 되었기 때문에 비교적 단기간에 회복될 수 있었던 거였어요. 이 모든 과정을 거치는 데 얼마큼의 시간이 걸릴지는 사람마다 다르겠지요. 하지만 결국 우울증에서 완치되기 위해서는 이런 과정들을 모두 거친 후 자기 자신이 준비가 되었다고 느껴야 해요. 그때가 돼서야 비로소 저의 경험이 도움이 될 수 있을 거예요.

그러니 우울증 환자가 방황하는 것처럼 보이는 모든 순간들을 우울증에서 회복되기 위한 준비 과정이라고 이해해 주세요. "언제까지 이럴 거냐?"고 다그치지 말고, "너를 믿을 수 없어!"라고 실망하지 말고, 믿고 기다려 주세요. 이런 말들을 해 봤자 얻는 건 없어요. 그런다고 병이 낫지도 않아요. 오히려 이런 말들 때문에 우울증 환자가 쓰러지면 다시 일어나는 데 또 오랜 시간이 걸린다는 걸, 꼭 기억하세요.

part 6

우울증 탈출을 위한
실전 매뉴얼 ②

무엇보다 먼저,
살고 싶은 마음이 들어야 해요 🌿

우울증을 치료하기 위해서는 많이 걷고 많이 놀아야 돼요. 하지만 그것만으로는 부족해요. 근본적으로는 우울증으로 인해 무너진 일상생활을 재건하는 작업이 필요하죠. 취미 생활을 통해 즐거운 시간을 많이 만든다 하더라도, 일상으로 돌아왔을 때 여전히 해야 할 일들을 해낼 수 없는 상태라면 즐거움은 금방 휘발돼 버려요. 자기 효능감이 바닥을 치고 다시 우울증의 손아귀에 붙잡히고 말죠. 이런 이유 때문에라도 하기 싫지만 해야 하는 일들을 아주 조금씩 시작할 필요가 있어요. 재미있고 즐거운 일들과, 재미없지만 꼭 해야 하는 일상의 일들, 이 두 가지가 함께 갈 때 우울증이란 거머리를 삶에서 떼어 낼 수 있는 거예요.

하기 싫지만 해야 하는 일들은 사람마다 다를 거예요. 우울증이 아주 심한 사람은 씻는 것, 밥 먹는 것조차 하기 싫을 수 있고, 학생이라면 공부, 직장인이라면 업무가 그런 일일 수 있어요. 일단, A4 용지에 '정말 하기 싫지만 꼭 해야 하는 일'이라 제목을 쓰고 그 밑에 한번 적어 보세요. 주의할 건 결과나 목표가 아니라 '과정'을 쓰셔야 돼요. '수능 올 1등급'은 결과고, '매일 수능 문제집을 조금이라도 푼다.'가 과정이에요. 너무 많이 적진 말고 안 하면 굶어 죽거나 사회적으로 매장될 정도의 큰일들만 써 주세요. 다 적었다면 이게 앞으로 우리의 과제가 될 거예요.

_꼭 기억해야 할 것은, 이 작업은 반드시 살고 싶은 기분이 지속적으로 들 때 시작해야 한다는 거예요.

제 기준으로 말씀드리면, 이런 기분이 3개월 이상 지속되는 단계에 이르렀을 때부터 조금씩 시작하는 것이 좋아요. 주기적으로 하는 취미 생활이 하나 이상은 있어야 하고, 매일 걷고 밖에 나가 사람들을 만나는 것이 별로 힘들지 않아야 하죠. 우울증이 심하게 찾아올 때도 최근에 즐겁고 행복했던 경험을 떠올리며 기분을 전환하고 감정을 컨트롤할 수 있을 정도는 돼야 해요. 아직 자살 충동이 남아 있거나 무기력하고 힘들다면 오직 살아남는 것만 생각하면서 좀 더 기다리세요.

절대 서두르지 마세요. 우울증에서 어느 정도 자유로워지면 의욕이 넘치는 시기가 와요. 마치 우울증이 완치된 것처럼 그동안 방치해 두었던 일들을 다 하려고 들죠. 그동안 너무 뒤처졌다는 생각 때문에 남들보다 더 높은 목표를 세우고, 외국어 학원에 등록하고, 하루 10시간 공부 계획을 짜기도 해요.

하지만 우울증과의 싸움은 이제부터 시작이라는 걸 절대 잊지 마세요. 살고 싶어졌다고 다 나은 게 아니에요. 방금 큰 수술을 마친 사람이 철인 3종 경기에 나갈 수 있나요? 이처럼 우울증에서 막 회복되기 시작한 사람이 곧바로 건강한 사람들처럼 해낼 수는 없어요. 욕심만 앞세우다 결국 계획을 지키지 못할 확률이 높아요. 그러면 좌절감과 죄책감 때문에 고통스러울 거고 결국 자기혐오에 시달리다 다시 우울증으로 걸어 들어가게 되겠죠.

물론 기다릴 여유가 없는 일들, 중요한 시험이나 학업, 취업 같은 게 걱정되긴 할 거예요. 그런데 중요한 건 중요한 거고, 할 수 없는 건 할 수 없는 거예요. 깨끗하게 포기하고 오직 우울증을 치료하는 데만 집중하는 게 오히려 더 빨리 성과를 낼 수 있는 길일지도 몰라요. 지금 해낼 수 없는 일을 무리하게 시도하다가는 실패만 반복할 수도 있어요. 이런 부정적인 경험들 때문에 우울증이 5년 더, 10년 더 연장될지도 모르죠. 제가 20년이 걸린 것처럼요.

우울증이 조금씩 나아지고 있다면, 이 시기에 스스로에게 요구할 목표는 단 한 가지뿐이에요. '인생에서 즐거움을 느끼고, 이 즐거움을 계속 느끼기 위해 살고 싶어 할 것.' 이걸 이루어 냈다면 우리는 이 시기에 우리가 할 수 있는 일을 100% 달성한 거예요.

모든 것은
1에서부터 시작하세요 ✿

살고 싶다는 생각이 지속적으로 든 지 3개월이 지났다면, 우울증에서 완전히 나은 것은 아니더라도 몸과 마음의 힘이 어느 정도는 길러진 상태예요. '힐링'의 시간을 충분히 갖는 것도 좋지만 쉬는 것도 어느 한계를 넘어가면 오히려 자신의 영혼을 갉아먹고 다시 우울증으로 돌아가게 만들어요. 이젠 그동안 경험한 삶의 즐거움과 재미가 우리 뒤를 든든히 지켜 줄 거라 믿고 한 걸음 앞으로 나아가야 할 시간이에요.

앞에서 작성했던 '하기 싫지만 꼭 해야만 하는 일들'을 꺼내세요. 이제 이 과제를 매일 아주 조금씩 실천하면서 '습관'을 만들어 갈 거예요.

중요한 규칙은, 모든 것은 1에서부터 시작한다는 것! 그렇게 차츰차츰, 10을 거치고 50을 거쳐 100을 향해 나아갈 거예요. 첫날 설거지를 할 때는 그릇을 딱 1개만 씻으세요. 첫날에는 문제를 1개만 풀거나 1분만 공부하세요. 단어를 외운다면 하나만 외우고, 책을 읽는다면 딱 한 문장만 읽으세요. 그 이상은 절대로 하지 마세요. 이 목표를 달성했다면 오늘 할 일은 다 끝났다고 생각하고 나머지 시간은 즐겁게 취미 생활을 하거나, 밖으로 나가 산책을 하거나, 침대에서 쉬거나, 원하는 방식으로 편하게 노세요. 직장에 있다면 잘리지 않을 정도의 업무량만 하세요. 나머지는 무시하고요.

'아니, 나는 더 할 수 있는데? 이렇게 해서 어느 세월에 뭘 이루겠어?' 이런 의문이 들지도 몰라요. 하지만 습관을 만든다는 것은 굉장히 힘들고, 정신적으로도 많은 에너지를 소모하는 일이에요. 50개의 단어를 딱 한 번만 외우는 건 어렵지 않아요. 근데 하루도 빠지지 않고 매일 50개씩 50일간 외우는 거는요? 어렵죠? 우리가 우울증에 걸리지 않았을 때도 이런 습관을 만드는 건 정말 힘든 일이었어요.

_지금은 일의 양보다
매일 그 일을 빠트리지 않고 해내는 습관이 더 중요해요.

지금 우리가 에너지를 쏟아야 하는 작업은 매일 1을 하되 그걸 빼먹지 않고 꾸준히 지속하는 거예요. 습관이 생기고 나면 양도 얼마든지 늘릴 수 있고 또 그때가 되면 성과도 이룰 수 있을 테니 조급해 마세요.

아직은 매일 1개씩 하는 것도 힘에 부친다거나, 일의 특성상 양을 더 늘리기 힘들다면 매일 꾸준히 1개씩 해 나가면 돼요. 이와 달리 조금씩 늘려 갈 수 있다면 하나씩 양을 늘려 가도 좋아요. 첫날 공부를 1분했다면 둘째 날은 2분, 셋째 날은 3분 이렇게요. 근데 이 적은 양도 2주 정도가 지나면 버겁게 느껴질 수 있어요. 이럴 땐 맨 처음으로 다시 돌아가도 돼요. 다시 1에서 시작하는 거죠. 분량이 늘어나 포기하고 싶은 마음이 든다면 언제든지 줄여도 돼요. 습관을 만들려면 꾸준히 하는 것밖에는 방법이 없거든요.

하루 1분씩 공부할 양을 계산해 2달치를 한꺼번에 1시간 동안 다 해버리고, 2달 동안 놀면 과연 공부하는 습관이 생길까요? 반복해서 말씀드리지만 중요한 건 양이 아니라 '포기하지 않는 습관'이에요.

우울증을 쫓아내는 부적
'습관' ❀·

습관들을 하나씩 만들다 보면 일상이 조금씩 재건돼요. 그러다 보면 자기 효능감이 높아져 우울감을 적게 느끼게 되고, 우울증의 가장 무서운 증상 중 하나인 무기력에도 저항할 수 있게 되죠. 뭔가를 규칙적으로 하는 습관이 하나라도 있으면 그걸 하는 동안에는 무기력하고 싶어도 무기력할 수 없기 때문이에요. 엄청난 무기를 손에 쥐게 되는 거죠.

무기력이 가장 좋아하는 건 '포기'예요. 무기력은 한 번에 오지 않아요. 예를 들면, 어느 날 아침에 일어나는 게 힘들어서 그대로 누워 있었어요. 밝은 대낮에 침대에 누워 아무것도 하지 않는 게 죄책감이 들었지만, 이미 하루를 망쳤으니까 그냥 포기했어요. 그래서 저녁까지 누워 있다가 게임을 했죠. 공부는 안 하고 하루 종일 게임만 했다는 사실에 자괴감이 들었지만 어차피 오늘은 망쳤다는 생각에 계속 게임을 했어요. 다음날 아침엔 제때 일어나서 공부해야지 하는 생각도 들었지만, 어차피 어제도 게임으로 망쳤고 오늘 하루쯤 더 망쳐도 별일 없을 거라는 생각에 다시 누웠어요. 그런 하루들이 계속되면서 1년, 10년이 흘러가요. 결국엔 무기력한테 완전히 정복당하게 되죠. 만일 '이미 망쳤다.'고 생각하고 포기해 버리지 않았다면 무기력은 중간에 끊어졌을 거예요.

이때 포기하지 않고 다시 일어서게 만들어 주는 게 바로 '습관'이에요. 우울증에 빠져 있을 때는 의지력이 바닥나기 때문에 포기하려는 마음을 내 의지로 통제할 수가 없어요. 그럴 때는 습관이 의지를 대신하게 해야 해요. 어떤 행동을 하는 게 완전히 몸에 배면 아무리 힘든 상황에서도 기계적으로 그 행동을 반복할 수 있거든요. 머릿속이 멍하고 '나는 누구, 여긴 어디'인 상황에서도 몸은 자동적으로 습관에 따라 움직이게 돼요. 그래서 아침 9시에 알람에 맞춰 무조건 일어나고 바로 이불을 개는 사소한 습관이 무기력을 깨트릴 수 있는 거예요.

물론 우울증이 심한 상태에서는 습관을 만들거나 유지하는 게 쉽지 않아요. 그래서 매일 아침 11시에 물 한 컵을 마시는 것처럼 쉬운 것부터 시작해야 해요.

습관은 한 번에 하나씩만 만드세요. 공부하는 습관을 만드는 중인데 다이어트까지 도전한다? 이럴 땐 과감하게 다이어트를 포기해야 해요. 공부 습관이 어느 정도 자리 잡으면 그때 다이어트를 시작하세요. 마찬가지로, 게임이 너무 하고 싶거나 하루 종일 잠만 자고 싶다면, 매일 해야 하는 목표를 달성한 후에 얼마든지 자유롭게 하세요. 습관 하나를 만드는 데만도 어마어마한 에너지가 드는데 다른 욕망들까지 제어하려 하면 두 마리 토끼 모두 놓칠 확률이 높아요.

습관 만들기가 잘 진행되면 슬슬 욕심이 날 수도 있어요. '영어 단어 외우는 게 잘 되니 영문법도 한 페이지씩 공부할까?' 이러면서 말이죠. 하지만 습관은 3개월에 하나씩만 만들기로 해요. 3개월 정도 지나면 새로운 습관이 서서히 몸에 배게 되는데 이때 두 번째 습관 만들기를 시작해도 좋아요. 3개월에 하나씩이면 일 년에 4개의 습관이 생기는 거예요. 우울증에 걸린 사람에게는 정말 대단한 업적이죠. 무기력증으로 완전히 날렸을 시간인데 뭔가를 꾸준히 해 온 거니까요.

_혼자 습관을 만드는 게 어렵다면 도움을 받을 수도 있어요.

가족들이나 친구들과 습관 만들기 프로젝트를 함께하는 것도 괜찮을 것 같아요. 주위의 도움을 받기 어렵다면 '챌린저스'와 같은 앱을 이용하는 것도 방법이에요. 저도 이 앱을 자주 이용했는데, 최소 1만 원을 걸고 약 2주간 습관 만들기에 도전할 수 있어요. 앱에서 기본적으로 제공하고 있는 챌린지에 참여할 수도 있고 자기가 직접 챌린지를 만들 수도 있어요. 각 챌린지의 목표를 이룬 후에 인증해야 하는데 실패하면 만원에서 조금씩 차감되는 방식이에요. 돈을 잃으면 속상하니까 억지로라도 습관을 만들게 되죠.

무기력은 정말이지 무서운 적이에요. 이것 때문에 우리는 아무것도 못 하고, 매일의 일상에서 실패만 경험하게 되죠. 좌절감은 금세 자기혐오로 바뀌고 결국 우울증은 점점 더 깊어지죠. 할 수만 있다면 정말 최선을 다해서 무기력에 저항해야 해요. 습관을 잘 만들어 나가면 우리는 이 무기력과의 싸움에서 반드시 승리할 수 있어요.

실수를 실패로
만들지 마세요 ✿

습관을 만들다 보면 자의에 의해서든 타의에 의해서든 지키기 힘든 날이 반드시 와요. 저도 첫날은 1분, 다음날부터는 매일 7분씩 늘려가는 방식으로 공부했는데, 처음에는 쉬웠지만 2주가 지나자 차츰 버거워졌죠. 그러다 감기에 심하게 걸려 중간에 아예 공부를 할 수 없었던 날이 며칠 있었어요. 예전 같으면 속상한 마음에 공부를 아예 놓아버렸을 거예요. 하지만 이번엔 그렇게 하지 않았어요. 실수를 실패로 만들지 말자는 생각이 들었거든요.

일단 몸이 아파서 쉴 때는 아무 죄책감 없이 편안하게 쉬었어요. 당시는 2시간 정도까지 목표치가 늘어난 상황이었는데 감기가 낫고 다시 공부를 시작할 때는 30분 지점으로 되돌아가서 거기서부터 다시 출발했어요. 첫날에는 30분을 목표로 하고, 다음날에는 거기에 7분을 더해서 계속 이어 나갔죠. 덕분에 습관을 놓치지 않고 계속 유지할 수 있었어요.

다이어트 실패 사례엔 이런 내용들이 많아요. 칼로리 조절을 위해 저녁을 굶었는데 너무 배가 고파서 딱 오뎅 하나만 먹기로 했어요. 근데 여기서 오뎅 하나만 먹는 사람은 100명 중에 5명도 안 될 걸요?

대부분은 오뎅을 먹는 바람에 오늘 다이어트는 실패했으니 오늘까지만 먹자, 이러면서 떡볶이도 먹고 순대도 먹고 치킨도 먹게 되죠. 실수가 실패로 이어지는 대표적인 케이스예요.

정말로 오뎅 하나에서 그쳤다면 다이어트에 성공할 수도 있었을 거예요. 하지만 사람들은 이상하게도 오뎅 하나 먹은 걸로 인해 그날의 다이어트는 완전히 실패했다고 생각해요. 이렇게 생각하는 순간 자제력이 와르르 무너져 버리죠.

습관을 만들어 가는 도중에 어쩔 수 없이 며칠 쉬게 되는 날이 올 수도 있어요. 그럴 땐 며칠 쉬는 데서 그치고 꼭 다시 돌아와야 해요. '나는 역시 의지력이 약해. 하루가 망가졌으니 다 실패한 거야. 내 이럴 줄 알았지.' 이러면서 아예 습관을 놓아 버리면 안 돼요. 이러면 '오뎅 하나'처럼 실수를 실패로 만드는 거예요.

_실수를 실패로 만든 것에서 그치면 괜찮겠지만, 이런 상황이 반복되면 반드시 우울증으로 이어져요.

언제든 편안한 마음으로 되돌아오면 돼요. 원래 하던 양보다 훨씬 적은 목표치에서 다시 시작하세요. 다시 1에서 시작해도 상관없어요. 아예 시작을 안 하는 것보다는 그게 천만 배 나으니까요. 어차피 인생은 길고 그 인생 내내 이 습관을 가지고 살아갈 텐데 며칠 늦게 가는 게 그렇게 큰 의미가 있나요?

필요한 건 일상이지
휴식이 아니에요 ♣.

우울증에 걸렸을 때 많이 하는 고민 중 하나가 학교나 직장을 그만 두고 쉬는 게 우울증에 더 도움이 될지, 아니면 억지로라도 사회생활을 계속하는 것이 더 나을지 선택하는 일이에요. 우울증에 걸렸다고 자각할 정도라면 이미 고통에 많이 시달린 상태기 때문에 직장이든 학교든 다 그만두고 한동안 푹 쉬고 싶다는 생각이 들기 마련이죠.

결론부터 말하자면 우울증 환자에게 가장 중요한 것은 '일상생활을 유지하는 것'이지 휴식이 아니에요. 단순히 번아웃된 상태라면 적당한 휴식으로 치유될 수 있겠지만 우울증은 상황이 달라요. 우울증 환자는 이미 부정적인 사고에 잠식당한 상태예요. 단순히 보기 싫은 사람들, 하기 싫은 일, 힘든 공부를 피한다고 해서 문제가 해결될 단계는 지난 거죠. 머리 안에 자리 잡은 우울증 공장은 내가 회사에 있든 집에 있든 상관없이 계속 돌아가면서 우울과 불안을 만들어 내거든요.

_우울증은 몸과 마음에 여유가 생길수록
더 악화되는 경향이 있어요.

처음엔 몇 달만 쉴 생각이었는데, 무기력증 때문에 점점 아무것도 못 하다가 나중에는 외출조차 어려워지기도 해요. 그런 식으로 은 둔형 외톨이 생활이 시작되는 거죠. 혼자 가만히 있으면 생각이 내면을 향하게 돼요. 이때 집에만 있으면 부정적인 생각들을 끊어 줄 외부의 자극도 거의 없죠. 그러다 보면 우울이나 불안이 꼬리에 꼬리를 물고 이어지다 어느 순간부터는 감당할 수 없을 만큼 쏟아져 나오게 돼요. 직장이나 학교 같이 소속된 곳도 없고 만나는 사람들도 줄어들면 자존감도 함께 낮아지죠. 우울증은 이렇게 악화되는 거예요.

우울증이 밑바닥을 알 수 없는 지옥으로 우리를 끌어당길 때 최대한 덜 끌려갈 수 있는 방법은 일상을 유지하는 거예요. 예를 들면 아침 7시에 일어나고, 일어나면 씻고, 하루 세 번 제때 밥을 먹고, 밤 11시에는 잠자리에 드는 거죠. 이렇게 시간표를 정해 놓고 그 사이사이에 걷기, 햇볕 쬐기, 바람 쐬기, 공부, 일, 취미 생활, 놀러 가기 같은 것들을 하나씩 넣는 거예요. 물론 할 수 있는 만큼만요. 그동안 놀고 쉬는 시간이 부족했다면 이제부터는 조금씩이라도 그런 시간을 갖기 위해 노력해야 해요. 버거운 일상이 우울증의 원인이었다면 일상의 틀을 세상이 아니라 내게 맞게 바꿔 나가는 과정이 필요한 거죠. 우울증 환자에게는 휴식이 아니라 이렇게 균형 잡힌 일상이 필요한 거예요.

아무것도 할 수 없을 만큼 힘들 때에도 취침 시간, 밥 먹는 시간만큼은 정말 무조건 지켜야 해요. 일상의 기본적인 틀이 무너지면 도미노처럼 많은 것들이 함께 무너져요. 생체리듬이 망가지면 뇌뿐만 아니라 몸까지 같이 땅굴을 파기 시작하거든요.

일상을 유지할 수 있게 해 주는 측면에서는 학교나 회사가 오히려 도움이 될 수도 있어요. 억지로라도 아침에 일어나 나가야 하고, 하기 싫어도 맡은 것은 해야 하고, 주위 사람들과 간단한 대화도 나누고, 점심 먹으러 가면서 잠깐이나마 햇볕도 쬐게 되니까요. 너무 힘들어 울면서 다니는 거라도, 약물 치료도 받고 상담도 병행하면서, 할 수 있는 데까지는 현재의 자리를 지키는 게 더 나은 선택일 수도 있어요.

저도 우울증으로 힘들 때마다 휴학하거나 자퇴를 했어요. 그리고 그때마다 정말 밑바닥이 없을 것 같은 땅굴을 팠죠. 쉰다고 우울증이 낫는 게 아니었기 때문에 해결되는 건 아무것도 없었어요. 오히려 휴학으로 나이만 더 많아지고, 남들보다 몇 걸음 뒤처졌다는 현실이 또 다시 우울증을 악화시켰을 뿐이죠. 다시 그 시절로 돌아간다면 저는 자퇴도, 휴학도 하지 않을 거예요. 학교에 정상적으로 다니면서 우울증을 치유하기 위한 활동들을 시작할 거예요.

결국 우울증 치료의 핵심은 일상의 틀을 튼튼히 지키고 그 안에서 잠시 뇌의 주의를 돌릴 일들을 찾는 것이지, 틀을 완전히 무너뜨린 후 아무것도 안 하고 쉬는 게 아니에요. 휴식은 스트레스를 너무 많이 받아서 일상의 틀을 지켜 내기가 불가능할 때, 혹은 해야 할 일이 지나치게 많아서 취미 생활이나 걷기, 바람 쐬기, 놀러 가기 같은 우울증 치유에 도움이 되는 활동들을 전혀 할 수 없을 때 잠시 필요한 것뿐이에요.

휴학, 휴직
잘 하는 법 ·❀·

그럼에도 불구하고 일이나 학업을 그만두고 우울증 치료에만 집중해야 하는 상황이 분명히 존재해요. 그건 바로 학교나 직장에서 벌어지는 일들 때문에 죽고 싶다는 생각을 진지하게 할 때예요. 그런 적이 있다면 그만두는 게 답일 수도 있어요. 그 정도라면 그 일 자체가 이미 일상의 '틀'을 무너뜨렸을 테니까요.

_단, '그만두고 싶은 일'과 '죽고 싶게 만드는 일'이
같은 것이어야 해요.

예를 들어 죽고 싶게 만드는 게 가정 문제라면 직장을 그만두는 건 바람직하지 않죠. 직장에 별 문제가 없다면 일을 계속하면서 약물 치료나 상담, 취미 생활 같은 방법들로 아픈 마음을 치유하는 것이 훨씬 도움이 될 거예요. 하지만 직장 자체가 죽고 싶게 만드는 원인이라면 과감하게 그만두는 게 낫겠죠. 자살이 현실적인 위협이라면 자퇴나 퇴사로 인한 후폭풍도 별로 중요하지 않아요. 죽으면 어차피 다 의미 없는 거잖아요. 그럴 땐 지금 가진 걸 모두 잃더라도 오로지 '나' 하나만 구하겠다고 마음먹어야 해요.

휴학이나 휴직을 하고 우울증 치료에 집중하기로 했다면 반드시 준비해야 할 것들이 있어요. 우울증 치료 기간 중에 할 일들의 목록이죠.

1) 나만의 외출 사이클 정하기

우울증 치료 기간 동안에도 일상을 유지하려면, 꾸준히 밖에 나가야 해요. 하지만 막연히 '외출해야지.'라고 생각하면 실천하기가 어려워요. 우울증일 때는 가고 싶은 곳도 없고, 발걸음을 내딛을 기운도 없거든요. 이럴 땐 외출 사이클을 정해 놓는 게 좋아요. 저 같은 경우엔 3일 외출하고 하루 쉬는 사이클이 잘 맞더라고요. 3일간은 다리가 아파서 절뚝거릴 정도로 열심히 걸어 다녔어요. 그러니 힘들어서라도 하루는 쉬어야 했죠. 그렇게 하니까 외출해야 하는 날에는 어디를 가야 할지 몰라도 일단 밖으로 나가게 되었어요. 이렇게 정해 두지 않으면 나중엔 외출 자체가 힘들어질 수도 있어요.

2) 찾아갈 곳, 참여할 수 있는 프로그램 찾기

A4 용지나 수첩에 찾아갈 곳, 참여할 수 있는 프로그램들을 100개쯤 찾아서 적어 놓으세요. 박물관, 고궁, 수목원, 미술관, 문화원, 지명이 마음에 드는 곳, 예전에 살았던 동네, 한 번도 가 본 적 없는 식당 등 아무 곳이나 좋아요. 프로그램은 구청이나 보건소, 문화센터, 모두의 학교 등 각종 기관의 홈페이지나 서울시청년활동지원센터에서 운영하는 '정보풍풍' 같은 곳들을 통해 쉽게 찾을 수 있어요.

중요한 건, 내가 가 보고 싶은 장소나 관심이 있는 프로그램을 고르는 게 아니라는 거예요. 우울증을 앓고 있을 땐 어떤 것에도 흥미가 없기 때문에 흥미를 기준으로 뭔가를 시도하려고 하면 실패할 수밖에 없어요. 다 하기 싫거든요. 그래서 전 서울 관광에 대한 책자들을 찾아보면서 무작위로 목록들을 수집했어요.

프로그램들도 흥미와 관계없이 저렴하기만 하면 다 신청했어요. 주민참여예산 교육까지 들으러 다닐 정도였으니까요. 그래도 전반적으로는 재미있었어요. 한국무용(주민센터), 활 만들기 체험(황학정), 누구에게나 엄마가 필요하다(공감인), 줌바 댄스(보건소), 서울자유시민대학, 치유 활동가 역할 교육(공감인), 도예 체험 교실(구청), 떡 만들기 수업(한국여성문제연구회), 금요 침묵 피정(예수회센터), 비자립청년 마음 치유 프로젝트(공감인, 청년재단), 무료 심리 상담(서울심리지원 동북센터), 마음 치유 명상 교육(서울심리지원 동북센터) 등을 들었죠.

열심히 찾아보면 생각보다 좋은 프로그램들이 많이 있어요.

3) 다이어리에 일정 적어 두기

마음에 드는 달력이나 다이어리를 하나 구입해서 구체적인 일정을 적어 두세요. 외출 사이클에 맞게 날짜마다 해야 할 일, 방문할 곳을 써 두는 거죠.

가능하다면 6개월 정도 계획을 세워 두는 게 좋아요. 우울증이 심할 때는 의욕이 없기 때문에 뭔가를 계획하는 건 거의 불가능해요. 이럴 때 미리 세워 둔 계획들이 큰 힘을 발휘하죠. 다이어리를 보며 스케줄대로 무작정 따라 하기만 하면 되니까요. 저 같은 경우엔 우울증이 심해져서 하루하루를 그저 버티는 상태일 때도 다이어리를 보면서 '오늘은 어디 가는 날이구나.' 이렇게 생각하고 무조건 계획대로 했어요.

그날의 임무를 완수하면 '참 잘했어요' 스티커를 붙여 주세요. 한두 줄 정도로 그날의 소감을 적는 것도 좋고요. 우리에게 다이어리는 어쩌면 여권일지도 몰라요. 우울증 나라에서 벗어나 새로운 나라를 방문할 때마다 스탬프가 하나씩 찍히겠죠.

다이어리 한 권이 다 채워질 때쯤에는 우울증으로부터 자유로워지는 날이 오지 않을까요?

우울한데도
공부를 해야 한다면 🎵🍀

우울증에 걸리면 공부를 한다는 게 불가능해요. 집중력과 암기력이 많이 떨어지거든요. 불안감, 우울감이 수시로 몰려와서 숨이 막히기도 하고, 부정적인 감정 때문에 쉽게 피곤해지기도 하죠.

가장 좋은 방법은 공부를 그만두는 거예요. 우울증이 심할 때 공부를 한다는 건 큰 수술을 받아야 하는 상황에서 공부를 계속하는 것과 비슷해요. 공부를 하려는 이유가 단지 그동안의 실패를 만회하고 싶거나 남들 보란 듯이 성공하고 싶어서라면 솔직히 당분간은 공부를 포기하라고 말하고 싶어요. 실패할 것이 뻔한 시험을 계속해서 준비하는 건 우울증을 더 악화시키기만 할 뿐이니까요. 하지만 공부에 대한 의지가 정말 강하거나 혹은 먹고 살기 위해서 꼭 해야만 하는 경우도 있죠. 그럼 이럴 땐 어떻게 하는 게 좋을까요?

1) 우울증 치료하기

눈앞에 닥친 시험이나 학점 같은 건 일단 포기하세요. 우울증을 앓고 있으니 어쩌면 실패하는 것이 당연할 수도 있겠다, 이렇게 생각해야 해요. 그리고 한동안은 병원 치료(특히 성인 ADHD 검사), 상담, 걷기,

취미 생활 등 우울증 치료에만 집중해야 해요. 하루에 1시간도 집중하지 못한다면 당분간은 공부를 완전히 놓는 게 나아요. 3~4시간 정도 집중할 수 있다면 나머지 시간에는 운동이든 취미 활동이든 하루에 1~2시간은 즐겁고 행복한 일을 꾸준히 하면서 공부와 병행하는 게 좋아요.

그런데 이게 쉬운 일은 아니에요. 자꾸 마음이 조급해지니까요. 이 악물고 노력하면 보통 사람들처럼 집중해서 공부할 수 있을 것만 같고, 우울증을 치료하는 시간이 아깝게 느껴지기도 하죠. 지금도 남들보다 뒤처졌는데 공부에만 집중하지 않으면 인생이 진짜 끝날 것 같아 매 순간 불안하기도 하고요. 그런데 제가 10년 넘게 그렇게 해 보고 얻은 결론은 '우울증이 있는 한 결국 실패할 수밖에 없다.'는 거였어요. 오히려 치료 시기가 늦어질수록 우울증은 더 심해지고 인생에서 더 많은 실패만 경험하게 될 뿐이에요.

큰 병에 걸렸기 때문에 남들보다 몇 년 뒤처지는 건 어쩔 수 없다는 현실을 인정하세요. 원래 이 정도 우울증에 걸리면 10년간은 아무것도 못 하는 게 정상인데, 그래도 열심히 치료해서 3년으로 끝내 보자고 생각을 바꾸는 게 나아요. 마음을 느긋하게 먹고 불안감을 낮출수록 우울증에서 빨리 벗어날 수 있어요. 만약 3년 정도 시험을 준비한다면, 3년 내내 우울증에 시달리며 형편없는 집중력을 가지고 공부하는 것보다는, 1년쯤 우울증 치료에 전념하고 남은 2년 동안 집중해서 공부하는 게 훨씬 효율적이지 않을까요? 우울증이 낫기만 하면 우울증을 앓을 땐 한 달이 걸려야 마칠 수 있던 일을 단 이틀만에도 해낼 수 있으니까요.

2) 심리적 장벽 넘어서기

우울증, 불안증을 앓고 있는 이들의 공부법은 일반 사람들과는 좀 달라야 해요. 공부를 해야 된다고 각오를 다질수록, 문제집을 매일 얼마나 풀 건지 구체적인 계획을 세울수록, 모든 걸 다 암기해야 한다고 압박감을 가질수록, 실패하기 쉬워요. 이런 방법들이 우울증 환자를 불안하고 초조하게 만들기 때문이죠. 그럼 이런 심리적 장벽은 어떻게 넘을 수 있을까요?

'대충, 살살, 한번 시험 삼아 해 본다.' 이런 자세를 갖는 게 포인트예요.

전 "나는 지금 공부를 하는 게 아니야. 공부를 위한 준비를 하고 있어." 이렇게 생각했어요. 구체적인 계획도 안 세웠고, 날짜를 정한 다음 "오늘부터 공부 시작!" 이러지도 않았죠. 그냥 "우울증도 고칠 겸 이 책 30분만 읽지 뭐." 이랬어요. 암기하려는 노력도 안 하고 그냥 읽었어요. 공부 자체가 우울증 치료라고 생각했죠. 암기해야 한다고, 시험에 합격해야 한다고 생각하면 불안이 올라와서 머리가 굳어 버렸거든요.

저 역시 이렇게 하는 게 뭔 도움이 될까 싶었는데 그렇게 두세 달 정도 하다 보니 본격적으로 공부를 할 힘이 생겨났어요. 놀랍게도, 스케줄을 빡빡하게 세웠을 때는 하루에 1분도 공부하기가 어려웠는데, 그냥 읽어 보기나 하자고 생각하니까 30분은 할 수 있었어요. 그렇게 대충이라도 훑어본 게 나중에 본격적으로 공부를 시작할 때 큰 도움이 되더라고요.

그러니 욕심은 버리고 처음엔 공부에 대한 감을 잃어버리지 않을 정도만 한다고 생각하는 게 좋아요.

3) 최소한의 계획 세우기

• 최소한의 교재로 시작하기

어떤 시험이든 합격하기 위해 반드시 알아야 할 최소한의 내용들이 있죠. 강사들은 보통 이것을 A급, B급, C급으로 나눠서 설명하곤 해요. 우울증 환자는 치료를 위해 써야 하는 시간, 무기력증으로 허비해 버리는 시간이 많기 때문에 기껏해야 A급에서 B급 정도까지만 공부할 수 있을 거예요. 이런 사실을 빨리 인정하고 A급만 공부하겠다는 전략이 필요해요. 괜히 구석진 곳에서 나오는 문제까지 들춰 보면서 C급까지 완벽하게 공부할 거라고 헛고생하지 마세요. 시험 준비 기간을 3년으로 잡으면 첫해에는 A급, 다음 해에는 B급, 마지막 해에는 우울증에서 다 낫고 A급, B급, C급을 모두 공부해서 합격하겠다는 식으로 계획을 세우는 것이 훨씬 합리적이에요.

처음엔 A급부터 C급까지 모두 망라되어 있는 두꺼운 교재 말고, 가장 쉽고 얇은 책을 선택하세요. 그렇게 부담 없이 A급부터 공부하면 시험에 합격하기 위해 필요한 공부 회로가 머리에 깔려요. 덕분에 나중엔 공부하기가 점점 쉬워지죠. 우울증으로 많은 능력들을 잃은 상태에서는 그 회로를 빨리 만드는 게 정말 중요해요. 공부가 쉬워지는 경험을 해야 무너지지 않고 앞으로 나아갈 수 있거든요. B급, C급은 그 다음에 천천히 해도 늦지 않아요.

• 문제는 풀지 말고 읽기

보통 문제집을 풀 땐 답지를 보지 말고 자기 힘으로 끝까지 풀라는 조언을 많이 하죠. 이 조언은 우울과 불안으로 집중력을 잃은 사람들에게는 틀린 말일 수도 있어요. 왜냐하면 문제를 풀 만큼의 집중력도 없고 그동안 공부를 못 해서 아는 것도 전혀 없는 상태라 도저히 문제를 풀 수가 없거든요. 그럴 땐 차라리 답지를 그냥 책처럼 읽는 것도 좋은 방법이에요.

저도 다시 공부를 시작하고 처음에는 너무 힘들어서 문제집의 해답지만 쭉 읽었어요. 이해가 되든 안 되든 무작정 읽어 내려 갔죠. 내용을 이해하기 위해 교과서를 읽을 만한 집중력은 없으니 다른 방법이 없었어요. 그런데 그렇게 2년 정도 하다 보니 어느 순간부터는 지문이 눈에 들어오고 이해도 되기 시작하더군요. 매일 꾸준히 한 것도 아니고 시간이 날 때마다, 집중력이 생길 때마다 가끔 한 것인데도 실력이 늘긴 늘더라고요. 실제로 2번째로 본 시험에서는 처음보다 80점이나 더 올릴 수 있었어요.

4) 시간 저금통

공부를 시작하면 공부 시간을 정해 놓는 게 좋아요. 지금은 하루에 몇 시간 이렇게 정해 놓고 할 수 있는데 처음 2년 동안은 그게 어려워서 번번이 실패했죠. 하루에 3시간을 정해 놨는데 안 되는 날이 더 많았어요. 그래서 제가 쓴 방법이, 며칠이 걸리든 '10시간'을 모으는 거였죠.

이틀이 걸리든 일주일이 걸리든 상관없이 10시간에 도달할 때까지 스톱워치로 시간을 기록해 나가면 돼요. 10시간을 채우면 다시 처음부터 시작하고요. 중요한 것은 며칠이 걸렸냐는 게 아니라 공부에 10시간을 투자했다는 사실이에요. 이렇게 시간을 모으다 보면 자신이 목표를 위해서 꾸준히 노력하고 있다는 걸 한눈에 알 수 있게 돼요. 직접 확인할 수 있으니 성취감도 크고 덩달아 자존감도 높아지죠. 이런 '10시간'들이 계속 모이다 보면 언젠가는 꿈꾸던 것을 이루게 될 거라는 희망도 생기고요. '시간 통장'을 만들어서 기록하거나 10시간을 채울 때마다 100원짜리 동전을 저금통에 넣는 방식으로 해도 재미있을 것 같아요.

처음에는 10시간을 모으는 데 열흘이 넘게 걸렸지만 차차 속도가 붙었어요. 이 방식이 특히 좋았던 건 공부 시간을 따로 정해 놓지 않았기 때문에 하루에 1시간밖에 못 한 날도 죄책감이 덜하다는 거였죠. 목표를 위해 내가 이만큼의 시간을 쌓았다는 사실이 마음에 엄청난 안정감을 주기도 하고요.

5) 모닝 스터디 30분의 위력

우울증 치료를 위해 매일 강도 높은 외출을 할 때는 하루 1시간 공부하는 것도 꽤 힘들었어요. 아침에 나가 저녁때 돌아오면 너무 피곤해서 공부를 할 수가 없었거든요. 그래서 좀 멀리 외출해야 되는 날은 눈뜨고 침대에서 하릴없이 뒹굴거리던 아침 시간을 활용해 공부를 하기 시작했어요. 1시간 공부하는 게 목표일 때라 30분만 미리 해 놓아도 하루 공부 양의 절반을 끝낼 수 있었죠. 그런데 정말 신기한 일이 일어났어요. 아침에 공부를 조금이라도 해 놓은 날은 아무리 힘들어도 그날의 목표치를 채워 나가는 쪽으로 가더라고요. 저녁때 아무리 피곤해도 나머지 30분은 어떻게든 채우게 되더군요. 시작이 절반이라는 속담이 거짓말은 아닌 것 같아요. 시작만 해 두면 그 다음은 의지가 좀 약하더라도 어떻게든 굴러가게 되더라고요.

비몽사몽이라도, 무조건 눈뜨자마자 30분 정도는 공부를 하려고 노력해 보세요. 이 작은 실천이 그날 하루를 성공으로 이끄는 열쇠가 되어 줄 수도 있으니까요.

6) 집중력 앱이나 백색 소음 활용하기

집중이 너무 안 될 때, 구글 플레이스토어에서 집중력을 검색해 찾아낸 앱이 있어요. '마인드 위즈'라는 건데 제겐 도움이 많이 되었어요. 책 한 줄도 읽기 힘들 때 이 앱을 틀어 놓으면 짧은 시간이긴 하지만 집중이 잘 되었죠. 나중에는 길을 가다 그때 들었던 클래식 음악이 들리면 바로 공부해야겠다는 생각이 들 정도였으니까요. 와이파이나 데이터 없이도 들을 수 있기 때문에 휴대폰으로 딴짓하지 않도록 데이터를 꺼 놓은 상태에서 사용할 수 있다는 장점도 있죠. 그 외에도 유튜브에서 백색 소음이나 도서관 소리 같은 것들을 듣는 방법도 있어요.

7) 인터넷, 게임, 휴대폰 중독 문제

저도 처음엔 인터넷, 게임 중독 증세가 굉장히 심했어요. 그때는 하루에 공부를 1시간 한다면 9시간은 휴대폰을 했죠. 그런데 공부를 시작하기 전에 이런 중독부터 먼저 끊어야 된다고 생각하는 건 도움이 안 되는 것 같아요. 공부에만 집중해도 모자를 판에 중독을 치유하는 데까지 에너지를 할애할 여력은 없으니까요. 또 이런 중독은 현재 심리 상태가 불안해서 나타나는 증상이기 때문에 중독만 고치겠다고 노력하는 건 별 의미가 없기도 해요.

그래서 전 그냥 공부를 하겠다는 생각만 했어요. 공부 양을 늘리면 늘릴수록 휴대폰을 하는 시간은 그만큼 줄어들 수밖에 없을 테니까요. 만일 제가 휴대폰을 끊어야 한다고 강박적으로 매달렸다면 불안이 더 밀고 올라와 정작 공부는 하지도 못하고 딴짓만 하며 시간을 보냈을 거예요. 휴대폰도 못 끊는 인간이라는 자괴감도 더 심해졌겠죠. 그래서 그냥 내버려 뒀어요. 실제로 중독 증상은 그날그날 멘탈 컨디션에 따라 심해졌다 줄어들었다 했는데, 우울증이 확실히 나아지면서부터는 현저히 줄어들기 시작했어요.

part 7

가족들을 위한
매뉴얼

치료의 주체는
환자와 가족이에요 ♣

　우울증과 다른 신체적인 병 사이엔 한 가지 큰 차이가 있어요. 신체적인 병은 치료 주체가 의료진이죠. 우리 몸 안에 있는 장기들에 대해서는 의사들이 훨씬 잘 아니까요. 그런데 우울증은 달라요. 우울증은 한 사람의 인생과 떼어 놓고 생각할 수 없는 병이고, 자기 인생에 대해서는 그 누구보다 자신이 가장 잘 알죠. 의사나 상담사는 약물이나 생각을 바꿔 나가는 방법에 관해서 도움을 줄 뿐, 우울증 자체를 해결해 줄 수 있는 건 아니라고 생각해요. 우울증의 치료 주체는 어디까지나 당사자, 그리고 가족들이에요.

　근데 치료의 한 축인 가족들이 우울증에 대해 잘 모르는 경우가 많아요. 심각하게 생각하지 않는 경우도 많고요. 언뜻 보면 우울증은 간단한 병이에요. 환자 본인이 행복감을 느끼고 살고 싶은 마음이 들면 낫는 병이니까요. 그래선지 모르는 사람들은 우울증을 의지로 극복할 수 있는 거라고, 심각한 병이 아니라고 생각하기도 해요. 틀린 말은 아니에요. 환자가 의지력을 발휘해서 살고 싶어지면 우울증은 해결돼요. 다만 우울과 불안이 환자가 가진 의지력, 판단력, 기억력, 행복을 느낄 수 있는 능력 등을 모두 공격해 전멸시킨다는 게 문제죠.

_미각을 잃었는데 맛을 느껴야 하고,
다리가 없는데 걸어야 하는 것과 똑같아요.

우울증을 치유하려면 제일 먼저 환자의 우울, 불안부터 해결해야 해요. 그래야 의지력, 판단력, 행복을 느낄 수 있는 능력 같은 것들이 서서히 회복될 수 있어요. 그 이후에야 의지력으로 혼자 헤쳐 나갈 수 있는 힘이 생겨요. 이렇게 되기까지 주위의 도움이 필요하죠.

맨 처음에는 약물이나 걷기 등의 방법으로 우울과 불안을 낮추는 게 중요한데, 이땐 가족들의 도움이 굉장히 중요해요. 우울증 약 한 봉지보다 가족들의 밝은 분위기와 정서적 지지 그리고 사랑이 더 강력한 힘을 발휘할 수도 있어요.

사실 환자의 우울과 불안에 가장 큰 영향을 미치는 것 중 하나가 가족이에요. 보통 사람들에게 삶의 가장 큰 의미는 가족이죠. 힘들 때 가장 의지가 되는 사람도 가족이고요. 이 말은 가족이 화목하게 잘 지내면 우울증에 가장 효과가 좋은 약인 '행복'을 지속적으로 공급해 줄 수 있다는 의미예요. 반대로 그렇지 못하면 굉장히 큰 스트레스를 받죠. 특히 정신적으로, 경제적으로 독립할 수 없는 청소년들에게 가족은 정말 큰 영향을 미칠 수밖에 없어요.

이번 장에서는 가족들이 우울증 환자를 도와줄 수 있는 방법에 대해 이야기해 보려고 해요. 대부분은 우울증 치료 과정에서 저의 가족이 제게 해 준 일이고, 일부는 제가 가족으로부터 도움을 받았으면 했던 내용들이에요.

우울한 이와 함께할
강력한 이유가 있어야 해요 ✿·

　　가족 중에 우울증 환자가 있을 때 가장 먼저 해야 할 일은 우울증 환자를 돌본다는 게 무슨 의미인지 정확히 이해하는 거예요. 우울증 환자를 돌보는 건 어려운 일이에요. 심한 우울감에 빠져 끝없이 부정적인 말을 내뱉고, 오래 전에 있었던 사소한 일까지 들춰내 공격하고, 씻지도 먹지도 않고 잠만 자고, 방에 틀어박혀 하루 종일 휴대폰만 들여다보고, 일도 못 하고 공부도 못 하는 상태로 몇 년 동안 백수로 지내고. 그 와중에 정신과 치료를 거부하거나 나아지려는 노력도 전혀 하지 않는다면, 가족들은 절망할 수밖에 없죠.

> _이런 이를 돌봐야 한다면
> 저라도 도망치고 싶을 거예요.

　　우울증 경험이 풍부한 저도 부모님이 가끔 우울한 상태로 있는 걸 견디기가 힘들어요. 저까지 다시 우울증의 늪으로 끌려 들어가는 기분이 들거든요. 하지만 우울증은 다그친다고 해결되는 문제가 아니잖아요. 주변 사람들이 화를 내고 지적을 하면 우울증은 오히려 더 심해지죠. 그래서 어느 정도까지는 병이라는 걸 받아들이고 현재의 모습 그대로를 인정해 줄 수밖에 없어요. 가족 입장에서는 하루에도 몇 번씩 지옥을 오가는 기분이 들 거예요. 게다가 가족들은 경제활동도 병행해 가면서 우울증 환자의 생활비, 치료비 등을 부담해야 하는 책임까지 떠맡고 있죠. 이러니 우울증 환자를 돌보는 기간이 길어지면 환자 가족 역시 우울증에 걸릴 가능성이 높아지는 거예요.

이 고통을 온 가족이 함께 견디려면 그래야만 하는 강력한 이유가 필요해요. 부모 입장이라면 자녀가 어렸을 때의 추억들을 생각해 볼 수도 있고, 자식의 입장이라면 부모님이 조건 없이 베풀어 준 사랑에 대해 생각해 볼 수도 있겠죠. 100번 화가 나면 99번 정도는 참아야 하는 강도 높은 정신노동이기 때문에, 왜 내가 이 사람을 돌봐야 하는지에 대한 자신만의 이유를 찾는 게 꼭 필요해요.

가족은 나에게 어떤 의미인 걸까요? 힘든 순간에도 가족이 모두 함께한다는 게 왜 중요할까요? 이 질문에 대한 답을 찾을 수 있다면 위기의 순간이 닥쳐왔을 때, 모든 것을 포기하고 싶을 때 그 이유를 힘껏 붙잡고 버틸 수 있을 거예요.

가족은
슈퍼맨이 아니에요 ✿

　우울증 환자를 돌봐야 하는 가족들은 결코 슈퍼맨이 아니에요. 그러니 우울증 환자를 돌보기 전에 자신이 할 수 있는 일과 없는 일을 미리 정해 두는 게 중요해요. 아무리 가족이라 해도 어느 선 이상을 넘어가 버리면 우울증과 무기력을 경험하게 돼요. 막연히 우울증 환자의 모든 것을 받아 주겠다고 생각하지 말고, 자신의 한계를 알고 미리 대비하는 게 오히려 환자에게도 도움이 돼요.

　예를 들어 우울증 환자에게 병원 치료는 반드시 받아야 한다는 규칙을 정해 주는 것도 좋아요. 함께 사는 가족들에게 집안일을 좀 더 분담해 달라고 하거나, 직장 생활을 하는 가족이 있으면 모임이나 회식 같은 걸 줄이고 가정에 더 신경 써 달라고 부탁하는 등 자신의 한계를 고려한 계획들을 미리 세워 둘 필요가 있어요.

　이래저래 갈등이 심해질 것 같다면 우울증 환자를 독립시키는 것도 하나의 방법이에요. 생활비는 얼마나 지원해 주고, 병원에 가는 날엔 누가 동행하고, 일주일에 몇 번은 같이 식사하고, 빨래와 청소는 누가 도움을 주고, 이런 식으로 계획을 세우면 따로 살아도 충분히 보살펴 줄 수 있으니까요.

자신의 한계를 인정하고, 할 수 없는 일은 못 한다고 해야 지속 가능한 돌봄이 가능해요. 우울증 환자에게 화를 내고 비난하는 건 좋지 않지만, "내가 너를 도우려면, 너도 나를 위해서 이런 일은 해 줘야 한다."라고 요구하는 건 괜찮아요. 가족과 당사자 모두 우울증 투병을 위해 하나로 뭉친 팀이니까요. 이건 긴 싸움이에요. 무너진 인생을 다시 일으켜 세우기 위해서는 오랜 기간 가족들의 보호와 지지가 필요하죠. 그러니 멀리 보고 감당할 수 있는 만큼의 짐만 가져가세요.

사랑은
조건 달지 말고 주세요 ✤.

해와 바람이 나그네의 외투를 두고 내기를 한 이야기가 있죠. 나그네는 결국 뜨거운 햇살을 견디다 못해 외투를 벗게 돼요. 주변 사람들이 주는 무조건적인 사랑도 햇볕과 비슷해요. 시간이 좀 걸리긴 해도 결국 우울증이라는 외투를 벗길 수 있는 건 비난이 아니라 사랑이죠.

우울증은 즐거움, 행복 등 삶에 필요한 긍정적 에너지를 생산하는 내면의 공장이 가동을 멈춘 것과 같아요. 기계들을 수리하고 공장이 다시 돌아가기 전까지는 외부에서 에너지를 공급받아야만 하죠. 이 에너지를 대체할 수 있는 것에는 우울증 약, 취미 생활, 심리 상담 등이 있지만 가장 강력한 건 가족의 사랑이에요. 갓난아기에게 엄마가 베풀어 주는 사랑, 아무것도 못할지라도 존재 자체만으로 행복했던 그런 사랑 말이에요. 거기엔 아무런 조건도 없었죠.

조건 없는 사랑을 주는 방법은 생각보다 간단해요. 첫째, 현재의 모습이 어떻든 있는 그대로 인정하고 존중해 주세요. 둘째, 너와 함께하는 시간이 행복하다고 말해 주세요. 이 두 가지면 돼요. 평소에는 성격이나 생활 습관이 안 맞아 피 터지게 싸우더라도 마음의 여유가 있을 때는 충분히 표현해 주세요.

우울증에 걸린 모습을 있는 그대로 긍정하는 건 쉬운 일이 아니에요. 하지만 정말 큰 사고를 당한 거라고 생각해 보면 어떨까요? 죽을 뻔한 사고에서 간신히 살아남았지만, 심하게 다쳐 오랜 기간 재활을 해야 하는 상황이라고요. 우울증이 자살로 이어지기 쉬운 병이라는 걸 생각해 보면 크게 틀린 말도 아닐 거예요. 내가 사랑하는 사람이 세상을 떠나는 것과 장애를 입더라도 살아 있는 것, 마음속으로 두 가지 상황을 상상해 보세요. 어떤 게 더 견딜 만할 것 같은가요?

_동정도, 분노도, 실망도, 절망도, 걱정도 하지 마세요.

원래 죽었을 사람인데 여기 살아 있잖아요. '그거면 됐지, 뭘 더 바래?' 이렇게 생각해 주세요. 실패나 절망이 발에 차일 정도로 넘쳐 나는 게 인생이고, 살아 있는 한 아무것도 잘못된 것은 없다고 말해 주세요. 가족들이 망가져 버린 자신을 있는 그대로 긍정해 줄 때, 우울증에 걸린 사람은 자존감을 얻어요. 그리고 자기가 진짜 사랑받고 있다고 믿게 되죠. 모든 게 잘 풀리고 좋을 때는 자기가 정말 존재 자체만으로 사랑받고 있는지 알 기회가 없으니까요.

그리고 너와 함께하는 시간이 행복하다고, 네가 있어서 살아갈 힘이 생긴다고 가끔 빈말로라도 말해 주세요. 사실 진심이잖아요. 사랑하니까 그 모든 것을 견디는 거잖아요. 다만 어색해서 잘 표현하지 않는 것뿐이죠. 그런데, 꼭 말로 해 주세요. 우울증에 걸린 사람은 자기가 가족에게 짐 덩어리라는 생각을 기본적으로 갖고 있어요. 자기가 살아 있는 게 가족을 고통스럽게 한다고 생각하기 때문에 가족을 위해서라도 죽어야겠다는 생각을 많이 하죠. 이런 죄책감도 우울증의 주요 증상 중 하나예요. 그러니 꼭 말로 표현해서 환자가 믿게 해 주는 게 중요해요. 부모님이라면 아기 때 사진을 같이 보면서 이야기를 하는 것도 좋을 것 같아요. 어떤 아이였는지, 얼마큼 기쁨을 줬는지, 그걸로 평생 할 효도는 다했다는 식으로 이야기하면 자연스럽게 마음을 표현할 수 있을 거예요.

이런 사랑을 매일 주는 건 불가능해요. 하루 종일 잠만 자다 저녁 7시쯤 겨우 일어나 세수도 안 하고 게임부터 하면 부처님이 아니고서야 화가 많이 날 거예요. 아무리 참고 또 참아도 결국 터트리게 되는 날이 많을 거예요. 그래도 10번 화냈다면 3번 정도는 무조건적인 사랑을 주세요. 병을 줬으니까 약도 챙겨 줘야죠. 우울증에 걸린 사람도 가족들이 왜 화를 내는지 잘 알아요. 얼마나 힘든지도 알고요. 다만 자기 존재가 가족들에게 짐이 된다고 생각하기 때문에 죽고 싶은 거죠. 가족들이 평온한 상태일 때 해 줬던 말들, 표현해 주었던 사랑들이 이럴 때 큰 힘을 발휘해요. 가족들이 화내고 상처 주는 말을 하는 건 자신의 우울증 때문이지 진심은 아니라는 걸 이를 통해 알 수 있으니까요.

화를 내는 건 아직 소통하고 싶은
의지가 있다는 거예요 ✿

우울증 환자와 대화를 하는 데 어려움을 느끼는 가족들이 많아요. 방문 잠그고 들어가서 죽고 싶다며 밥도 안 먹고 아무것도 안 하는 사람과 대화를 한다는 건 정말 어려운 일이죠. 그래서인지 보통 환자의 말을 들어 주기보다는 도대체 왜 그러는 거냐고, 뭐가 문제냐고 다그치는 경우가 훨씬 많죠.

아예 대화를 단절하고 거부하는 상황이라면 일단 내버려 두세요. 가끔 평온한 목소리로 일상적인 말을 조금씩 건네는 건 괜찮아요. "냉장고에 카레 있으니까 데워 먹어."처럼 대답할 필요가 없는 말을 매일 하는 거죠. 대화를 거부한다는 건 상대방에게 자기 상처를 이야기할 만큼의 신뢰가 없다는 거예요. 내 이야기를 반박 없이 들어 주고, 내 탓을 하지 않을 거라는 믿음이 없는 거죠. 사실 가족 간엔 남에게는 하지 않을 모진 말들을 서로 나누기도 하잖아요. 아무튼, 매일 편안하게 말을 건네는 건 신뢰를 쌓기에 좋은 방법이에요. 말의 내용이 중요한 게 아니라 "나는 너의 이야기를 들을 준비가 되어 있어."라는 신호를 꾸준히 보낸다는 게 중요한 거예요.

대화를 거부하진 않지만 심하게 화를 내거나 짜증을 내는 경우도 있어요. 이건 생각과 달리 긍정적인 신호예요. 화를 내는 건 아직 소통하고 싶은 의지가 있다는 뜻이니까요. 상대방을 믿고 있고, 말이 통한다고 생각하니까 내가 아프다는 걸 알아 달라고 하소연하는 거죠. 화를 낼 만큼 아직 자신이 가치 있다고 생각하는 것이기도 하고요. 우울증이 정말 심하면 화낼 힘도 없고, 누군가에게 소리를 지를 만큼 자신이 가치 있다고 생각하지도 않아요. 화가 나는 상황이 벌어지면 그냥 입을 닫고 자살하러 가죠.

대화를 할 때는 일단 맞장구치면서 계속 들어 주세요. 사과를 원하는 것 같으면 진심을 담아서 미안하다고 말해 주세요. 속으로는 화가 나고 반박하고 싶더라도 지금은 참아 주세요. 중요한 건 객관적인 사실이 아니에요. 누구의 잘못인지는 아무 상관없어요. 상대방이 '그렇게 느꼈다.'는 게 중요하죠. 자기감정을 표현할 수 있는 기회를 충분히 주세요. 마음의 치유는 거기서부터 시작돼요.

이야기를 들어 주면서 중간중간 질문을 해도 괜찮아요. 어떤 기분이었는지, 어떤 생각이었는지, 무슨 일이 있었는지 물어봐 주세요. 상대방이 과거에 대해 이야기한다면 구체적인 것들을 물어보는 것도 괜찮아요. "그때 엄마가 너한테 그렇게 말했구나. 그때 엄마가 뭐하고 있었지? 닭볶음탕 준비하려고 부엌에 있었던 것 같은데? 엄마가 그 말을 했을 때 어떤 기분이었어?" 이런 질문들을 받으면 기억을 더듬어 퍼즐을 맞추게 되고, 그러다 보면 좀 더 자기감정을 정리할 수 있게 돼요. 이런 과정 또한 치유에 도움이 되죠.

이런 식으로 대화를 주고받다 보면 소통이 좀 쉬워지는 걸 느끼게 될 거예요. 아이가 어릴 때는 많은 부모들이 이런 식으로 대화하죠. 아이가 유치원에서 속상했던 일을 털어놓으며 올 때 아이의 마음에 대해 이것저것 물어봤던 경험이 모두 있을 거예요. 방법은 그때와 똑같아요. 그 사람이 느끼는 감정과 기분을 그대로 인정해 주는 것, 그건 그 사람의 존재를 전적으로 수용해 주는 것과 같아요.

_보통 이걸 공감이라고 하지만,

그 바탕은 사랑이에요.

하지만 환자도 감정 조절하는 걸 배워야 해요. 분노와 증오 같은 부정적인 감정들은 이상하게 밖으로 표현할수록 더 기분이 나빠지거든요. 환자가 가족들에게 자신의 감정을 표현하는 것은 받아 줘야 하지만 어느 한도 이상을 넘지 않도록 도와줄 필요도 있어요. 화를 잘 내는 방법, 부정적인 감정을 잘 표현하는 방법에 대해 가족들이 같이 공부하고 규칙을 정하는 것도 도움이 될 거예요.

구체적인 치료 계획을 같이 짜 보는 것도 좋아요. 치료는 어느 병원에서 받고, 취미 생활로는 뭘 해 볼지, 외출은 일주일에 몇 번 정도 할 건지, 구체적으로 어디를 방문할 건지, '감정 일기'를 써 보는 것은 어떤지 등 함께 구체적인 계획을 세워 보세요. 그러다 보면 환자 본인도 우울증에서 나을 수 있을 거라는 희망을 갖게 될 거예요.

살아만 있어 달라고
부탁하세요 🌿🍀

우울증 환자에게 심한 스트레스를 주는 현실적인 원인이 있을 수 있어요. 학생이라면 시험, 성적, 지나치게 높은 목표, 취업, 직장인이라면 업무, 인간관계, 빚이나 경제적인 상황, 배우자와의 관계 등 여러 가지가 있을 수 있죠. 우울증 환자가 그런 현실적인 원인들로 심한 스트레스를 받고 있는데도 놓지 못하고 있다면, 그만둘 수 있게 도와주세요.

네가 고민하는 그 어떤 것도 너 자신보다 중요하지 않다는 걸 자주 이야기해 주세요. 목숨 외에 다른 모든 건 버려도 아무 상관없다는 말도요. 일이든, 사람이든, 인생의 목표든 말이죠. 그것들이 별거 아니라서가 아니라, 네가 나약해서 감당 못 해서가 아니라, 세상의 그 어떤 것도 너의 생명보다 귀중하지 않기 때문이라고 말해 주세요.

_우울증 환자는 병 때문에
상황을 객관적으로 볼 능력이 없어요.

모든 문제를 자신의 탓으로 돌리기 때문에 극심한 스트레스를 받죠. 그러면서도 거기서 벗어나야겠다는 생각을 하지 못해요. 다른 사람들은 다 회사 잘 다니는데 나만 모자라서 이런가 싶고, 회사를 그만두는 게 자신의 나약함을 인정하는 것 같아 놓지 못하기도 하죠. 그러다 보면 스트레스 상황을 제거해야 하는데 그게 안 되니까, 스트레스를 받는 자기 자신을 제거하는 쪽으로 극단적으로 나아가기도 해요. 이럴 땐 꼭 옆에서 누군가가 말해 줘야 해요. 그만둬도 괜찮다고요.

제가 자해하는 걸, 자살 계획까지 세웠다는 걸 알게 된 엄마가 가장 먼저 했던 말이 "다 그만두고 산에 들어가서 살자."였어요. 엄마가 무엇이든 해서 저를 평생 먹여 살릴 테니 저는 책을 보든 그림을 그리든 잠만 자든 그냥 놀라고 했죠. 근데 엄마가 그렇게 말해 주는 것만으로도 마음이 많이 편해졌어요. '다 버릴 수 있다.' 이 생각을 진지하게 받아들이니 반대로 무엇이든 해 볼 용기가 조금은 생기더라고요.

무엇보다도 제가 자살하지 않고 그냥 건강하게 살아 있는 것만으로도 효도하는 거라는 말은 정말 고마웠어요. 엄마라는 단 한 사람에게라도 제가 살아 있을 가치가 있는 존재라는 것, 이것이 주는 힘은 굉장했죠. 자살하지 않는다는 것만으로도 저는 엄마와의 약속을 지키고 엄마를 행복하게 해 주는, '가치 있는' 사람인 거니까요.

우리는 왜 사는 걸까요? 성공하려고? 남들에게 보여 주려고? 제가 진짜 원했던 건 사랑하는 사람들과 행복한 시간을 보내는 것이었어요. 성공은 사랑받고 인정받기 위한 수단일 뿐이었죠. 근데 오랫동안 목표와 수단을 반대로 알고 살아왔던 거예요. 만일 저 혼자였다면 이런 사실을 절대 알 수 없었을 거예요. 제가 건강하게 살아 있는 것만으로도 효도하는 거라 말해 주었던 엄마가 있었기에 알게 된 거죠.

어쩌면 저처럼 정답이 정해진 인생을 살아온 사람들이 우울증에 걸릴 확률이 더 큰지도 몰라요. 저처럼 '이게 아니면 안 돼.'라는 생각에 낭떠러지로 떨어지려는 이가 있다면, 그 사람의 손을 꽉 붙잡아 주세요. 그리고 몸을 돌려서 절벽의 반대쪽을 볼 수 있게 도와주세요. 사랑하는 사람과 함께라면 '뭘 해도 괜찮아.'라고 말해 주는 세상이 거기 있다고, 간곡히 말해 주세요.

그럼에도,
행복하게 지내 주세요 ❖.

    우울증에 걸린 사람과 함께 사는 건 행복하지 않아요. 하지만 행복하려고 노력해야 해요. 그래야만 우울증 환자가 하루라도 빨리 나을 수 있고, 보호자의 괴로움도 일찍 끝날 테니까요.

    그러려면 우울증을 앓고 있는 이에 대해 관심을 살짝 꺼야 돼요. 덜 보고, 덜 듣는 거죠. 대신 주의를 돌릴 만한 일을 만드세요. 일주일에 한 번은 친구들과 만나고, 주말에 하루는 네일 케어나 마사지를 받으러 가고 하면서 말이죠. 우울증 치료는 환자 본인과 의사, 상담사에게 맡겨 두고 잠시 잊는 시간들도 반드시 필요해요. 보호자도 에너지를 받는 곳이 있어야 우울증 환자에게 에너지를 나눠 줄 수 있어요. 어차피 보호자가 해 줄 수 있는 일은 긍정적이고 평온한 분위기를 만들어 주는 것뿐, 그 이상은 당사자의 몫이에요.

    보호자가 이런 태도를 갖는 게 우울증에 걸린 사람을 위해서도 좋아요. 우울증에서 나으려면 많은 시간이 필요해요. 그 기간 중에 환자는 스스로도 혐오스러워할 만큼 망가지기도 하죠. 그런 과정을 가족이 일일이 지켜보면서 걱정하고 불안해하면 당사자는 더 힘들어요. 가족을 괴롭게 한다는 죄책감도 들고, 가족의 불안이 환자에게 전이되기도 하죠. 차라리 적당히 거리를 두고 각자의 생활에 집중하는 게 서로 덜 부담스러울 수도 있어요. 우울증 치료를 잘 받고 있다면 나머지는 믿고 맡겨 주세요. '다 잘 될 거야.' 이렇게 느긋한 마음으로, 마치 우울증이라는 게 없는 것처럼 자연스럽게 대해 주세요. 그게 가족이 줄 수 있는 최고의 우울증 약이에요.

그럼에도 무너질 것 같은 날은 반드시 찾아와요. 그럴 땐 '우울증에 걸린 이도 이런 마음이겠구나.' 이렇게 생각하며 돌아봐 주세요. 행복할 수 없는 상황인데 어떻게든 행복하게 지내라고 하니까 어떠세요? 마음처럼 잘 안 되고 힘들죠? 우울증 환자도 그래요. 우울증이 가져다주는 고통, 쌓여 가는 실패와 좌절들 때문에 도무지 행복할 수가 없죠. 그런데도 우울증에서 나으려고, 어떻게든 행복해질 수 있는 방법을 찾으려고 고군분투하고 있는 거예요. 어찌 보면 환자와 보호자한테 똑같은 미션이 주어진 것일 수도 있어요. 혹 먼저 해답을 찾는다면 삶을 통해 직접 보여 주세요. 우울증 환자도 그걸 보고 배워 갈 수 있게요.

_그렇게 함께 한 발 한 발 같이 헤쳐 나가요, 우리.

온 힘을 다해
믿어 주세요 ·✿·

투병을 하는 동안 우울증 환자는 아마 수만 번 이상 넘어지고 다시 일어나기를 반복할 거예요. 때로는 일어나지도 못하고 오랜 기간 쓰러져 있을 수도 있고요. 저도 우울증을 치유하며 무수히 실패했어요. 공부를 하겠다고 마음먹고 다시 책을 잡기까지 수년이 걸렸죠. 우울증 치유에 성공하기 전 몇 년간은 아예 우울증에 대해 손을 놓기도 했어요. 그때는 어떤 방법을 써도 우울증에서 나을 수 없을 거라고 생각했거든요. 그렇게 저도 저 자신을 믿지 못했어요. 그런데 그것보다 더 괴로운 게 하나 있었어요.

_바로 부모님이 저를 믿지 않는다는 거였죠.

어찌 보면 나도 나를 믿지 못하는데 부모님이 날 안 믿는 건 당연할 수도 있어요. 하지만 내가 나를 못 믿는 상황이기 때문에 더더욱 절실하게 누군가 나를 믿어 줬으면 하는 거예요. 누군가 "너는 인간쓰레기가 아니라 다시 일어설 수 있는 능력을 가진 사람이야!" 이렇게 믿어 주면 얼마나 좋을까 하고 생각했죠. 아빠가 저의 능력을 의심할 때마다, 언제까지 이럴 거냐고 다그칠 때마다, 그나마 남아 있던 제 자존감은 뭉텅뭉텅 잘려 나갔어요.

가족의 믿음은 큰 힘이 돼요. 네가 지금은 깊은 병이 들어서 아무것도 할 수 없지만 너의 내면에는 큰 잠재력이 있으니 언젠가는 병을 이겨 낼 힘이 생길 거라고, 그땐 당당히 다시 일어설 수 있을 거라고, 누구보다 행복하게 살아갈 수 있을 거라고, 이렇게 믿어 주면 그 믿음이 환자를 쓰러지지 않게 지탱해 주죠. 하지만 믿는다는 말을 너무 자주 하면 오히려 "이제 나을 때도 되지 않았어?" 하고 부담을 주는 걸로 오해받을 수도 있어요. 믿는다는 말은 아주 가끔 "너의 의지가 아니라 네 안의 잠재력을 믿는다." 이 정도로만 이야기해도 충분해요.

근데 '믿음'은 말보다 행동으로 보여 주는 게 더 중요해요. 병원 진료나 약 복용, 상담 치료 등 반드시 필요한 일들은 보호자가 챙겨 줘야 하지만 그 외의 것들은 환자가 어떻게 하든 그냥 지켜봐 주세요. 하루 종일 아무것도 안 하고 누워만 있더라도, 밤새도록 게임만 해도, 학원에 등록하고 책도 잔뜩 사 놨으면서 전혀 실천을 하지 않아도, 알바 자리를 구해 놓고 일을 나가지 않아도, 기다려 주세요. 치료를 거르지 않고, 살아만 있다면 환자는 약속을 지킨 거라 생각하고 나머지는 그저 믿고 지켜봐 주세요.

우울증 환자들 중엔 속으로는 썩어 들어가고 있으면서도 겉으론 잘 웃고 기분이 좋은 것처럼 가장하는 경우도 많아요. 실제로 자살 유가족들의 경험을 봐도 그래요. 겉만 보고는 얼마나 심각한지 알 수가 없죠.

우울증으로 가장 고통받는 건 당사자예요. 누구보다도 우울증에서 벗어나고 싶어 하는 사람도 환자 본인이죠. 그러니 믿고 맡기세요. 겉으론 한심하게 보일 수도 있어요. 하지만 그게 지금 환자가 끔찍한 고통을 견디면서 할 수 있는 최선인 거예요. 환자가 가족을 위해 고군분투하면서 버티고 있다는 걸 온 힘을 다해 믿어 줘야 해요.

일상을 지탱할
최소한의 규칙을 마련하세요))✿

우울증 환자와 같이 생활해 나가기 위해 꼭 필요하다 싶은 것들은 규칙으로 정해 놓는 게 서로를 위해 더 좋아요. 예를 들면, 우울증이 나을 때까지 병원에 다니기, 주 1회 상담 받기, 식사 시간 지키기, 학교는 매일 가기 등과 같은 것들을 정할 수 있죠.

다만 지키기 어려운 것들은 안 그래도 바닥을 친 우울증 환자의 자존감을 더 낮게 만들 수도 있으니, 규칙을 정할 땐 우울증 환자 본인을 위해서도 꼭 필요한 것, 현재 환자의 상태로 80% 정도는 실천이 가능한 것 위주로 하는 게 좋아요.

다른 건 다 참아도 거실 소파에서 뒹굴거리면서 TV 보는 건 정말 견딜 수 없다면, 누워 있는 건 방에서만 하고 거실에서는 무조건 앉아 있기 같은 걸 규칙에 넣을 수도 있겠죠. 눈에 거슬려서 어차피 화내고 잔소리할 거라면 미리 '하면 안 되는 일'로 정해 두고 갈등을 피하는 게 나아요.

_대신 규칙을 잘 지킨다면
나머지는 환자의 의견을 존중해 주세요.

이런 규칙들이 하는 역할은 크게 두 가지예요. 첫 번째는, 보호자의 감정 조절에 도움이 돼요. 사랑하는 마음이 아무리 커도 우울증에 걸린 가족이 참을 수 없는 행동을 매일 하면 화가 쌓일 수밖에 없어요. 그러다 보면 서로 지치고 관계만 악화되죠. 장기간 투병하려면 규칙을 정해 놓고 가족 모두가 감당할 수 있는 환경을 만들어 가는 게 정말 중요해요.

두 번째는, 우울증 환자를 보호해 주는 역할을 해요. 우울증 환자를 돌보는 보호자도 힘들지만, 서른 넘어서까지 백수로 지내면서 부모가 차려 주는 밥을 얻어먹고 밤새 게임을 하고 있는 사람도 고통스러워요. 겉으로는 아무 생각 없이 놀기만 하는 것처럼 보이겠지만 내면은 자괴감과 수치심, 죄책감으로 썩어 가고 있죠. 이런 상황이 지속되면 우울증이 더 심해지기도 하고 극단적으로는 자살을 기도하기도 해요.

규칙들을 정해 놓고, 그것만 지키면 너는 모든 할 일을 다 한 거라고 말해 주면 환자가 느끼는 부담을 많이 덜어 줄 수 있어요. 사회적으로 보면 사람 구실을 못 하고 있지만, 가족들의 기준에서는 책임감 있게 자기 역할을 해내고 있는 거니까요. 자존감은 이런 식으로 차츰차츰 만들어지는 거예요.

우울증 환자라고 혹은 자살 시도를 했다고 가족들 모두가 전전긍긍하며 감정적으로 끌려다닐 필요는 없어요. 어쩌면 그건 오히려 환자를 재기가 불가능한 사람으로 취급하는 걸 수도 있죠.

_우울증에 걸린 사람에게 진짜 필요한 건
자기를 단단하게 붙들어 줄 수 있는 사람이지
자기가 휘두르는 대로 따라와 줄 사람이 아니에요.

스스로를 어찌할 수 없어서 괴로운 게 우울증인데 옆에서 같이 흔들거리는 사람에게 뭘 의지하겠어요? "나하고 살려면 너도 이 정도 일은 해야 돼. 대신 이것만 지켜 주면 너를 책임지는 건 내가 할 일이야. 너는 나만 믿고 따라오면 돼." 저라면 이렇게 말해 주는 사람이 훨씬 믿음직스러울 것 같아요.

스스로의 건강도
잘 보살피세요 ♣.

우울증 환자는 정서적으로 취약한 상태이기 때문에 안정된 주위 환경을 필요로 해요. 가급적이면 가족들이 분노, 우울, 불안 등 부정적인 감정들을 드러내지 않는 게 좋죠. 아이 앞에서 부부 싸움을 자제하는 것처럼요. 집안 분위기가 편안하고 안정적인 것만으로도 우울과 불안이 많이 줄어들어요.

그러려면 가족들도 평소에 자신의 마음 건강을 잘 관리하셔야 해요. 우울증에 대해 공부도 하고, 심리 상담도 받아 보고 하면서 말이죠. 우울증 환자를 돌본다는 것 자체가 극한 직업이기 때문에 필요하다면 전문가에게 도움을 받는 것도 좋아요. 꼭 정신적 문제가 있는 사람만 심리 상담을 받는 게 아니에요. 우울증에 걸린 사람 앞에서는 할 수 없었던 말, 쏟아 낼 수 없었던 감정들을 제3자에게 안전하게 털어놓는 시간을 갖기 위해 상담을 받을 수도 있어요. 그렇게라도 하지 않으면 너무 힘드실 거예요. 또 상담을 받으면서 평소에 자신의 감정을 어떻게 관리해야 할지 같이 생각해 보면 더 좋겠죠.

보호자가 먼저 상담을 받으면 상담 치료에 대해 부정적이었던 환자를 설득하기가 더 쉬워진다는 장점도 있어요. 평소에 환자와 소통이 잘 안 된다면 함께 심리 상담을 받으면서 대화를 나누고 공감대를 만들어 가는 것도 좋은 방법이에요.

_보호자에게도 정기적으로
사람을 만나는 모임이나 취미 생활은 중요해요.

딱히 취미 생활이 없다면 새로운 것을 찾아서 도전해 보세요. 우울증에 걸린 이가 외출을 많이 힘들어하지 않는다면 함께할 수 있는 취미를 찾아보는 것도 좋아요. 어떤 것에도 관심을 보이지 않는 우울증 환자가 바깥 활동을 할 수 있게 도와주고 또 대화를 나눌 기회도 생기니 일석이조겠죠.

그리고 운동하는 것도 잊지 마세요. 마음 건강의 상당 부분은 몸에 의지하고 있어요. 몸이 아프고 힘들면 마음도 건강할 수 없죠. 우울증에 걸린 사람이 다시 일어나기까지 얼마나 오래 걸릴지는 누구도 몰라요. 기나긴 싸움을 견디려면 몸도, 마음도 강해져야 돼요.

part 8

우울증 탈출을 위한
실전 매뉴얼 ③
– 셀프 심리 상담

나의 상담사는 '나'입니다 ❀

우울증에서 나오려고 여러 가지 방법을 시도할 때, 문득 저 자신에게 질문을 하고 싶어졌어요. "지금 기분이 어때?" 물었더니 자연스럽게 대답이 흘러나왔어요. "나 좀 힘들어." 그래서 저는 차근차근 물어보기 시작했죠. 뭐가 힘든지, 어떻게 하면 해결될 것 같은지. 저 자신과 대화하는 게 생각만큼 오글거리지는 않았어요. 그냥 담담하게 제 기분을 이야기하고 동시에 들어 줬죠. 이 방식에는 몇 가지 좋은 점이 있었어요.

첫째, 머릿속의 생각들이나 감정들을 소리 내서 말하면 잡생각들이 사라진다.

둘째, 질문하고 소리 내 말하는 과정을 거치면 생각이 훨씬 잘 정리된다.

셋째, 말로 하면 자신에 대해 훨씬 명료하게 이해할 수 있다. 그냥 생각만으로 내 상태를 파악할 때와는 많이 다르다.

넷째, 필요할 때 그 즉시, 시간이나 장소에 구애받지 않고 자유롭게 할 수 있다.

다섯째, 다른 사람에게 내 이야기를 꺼내 놓지 않아도 된다.

감정을 참고 묻어 두기만 하면 나중에는 그때 그 감정을 왜 느꼈던 건지 알 수 없게 돼요. 특히 부정적인 감정들은 쓰레기통에 들어 있는 음식물처럼 썩으면서 악취를 풍기죠. 우울증으로 발전했을 때는 이미 내면이 난장판이 되어 버린 후라 뭐가 원인이었는지 알아내기가 어려워요. 그럴 만한 에너지도 물론 남아 있지 않을 테고요.

이를 해결하려면 장기간 상담을 받으면서 과거의 기억들을 하나씩 끄집어내 정리하는 방법밖에 없죠. 그런데 어떤 감정이 생겼을 때 그것에 대해 스스로 묻고 답하며 바로바로 정리하니까 앙금이 훨씬 덜 남더라고요. 감정의 찌꺼기들이 썩어 우울증으로 발전하는 것을 미리 차단할 수 있는 거죠.

나와 주고받는 대화는 자기혐오를 깨트리는 데도 효과가 있어요. 나는 이게 싫어, 나는 이게 좋아, 나는 지금 힘들어, 나는 그 사람이 별로 마음에 안 들어, 나는 내일 쉬고 싶어, 나는 이걸 하고 싶지 않아…. 예전엔 이렇게 '나는'이라는 말을 많이 한 적이 없었어요. 항상 '나'보다는 상대방이 우선이었죠. 그런데 자신과 대화하면서 처음으로 내가 어떻게 느끼는지 솔직하게 말할 수 있었어요. 단순하게 생각을 말하는 것뿐인데도 뭔가 제가 더 단단해지고 강해지는 느낌마저 들었죠.

이 방법은 저만의 '셀프 심리 상담'이 되었어요. 매일 스스로의 기분 상태를 물어보고 힘들다고 하면 챙겨 주려고 노력했죠. 스스로에게 질문하고 공감해 주며 해결책도 함께 찾아 갔어요.

셀프 상담은 다른 사람의 개입이 전혀 없기 때문에 '방어'를 덜 하게 된다는 장점도 있어요. 상담사와 이야기하다 보면 어쩔 수 없이 상담사를 의식하게 되죠. 셀프 상담은 그런 고민 없이 최대한 솔직하게 자신을 성찰할 수 있는 방법이에요.

또, 상담을 할 때 모든 것들이 완벽하게 소통이 되는 건 아니기 때문에 오해가 생기기도 하고 내 감정을 상담사에게 완벽하게 전달하기 어려운 때도 종종 있거든요. 셀프 심리 상담을 할 때는 그럴 염려가 없어서 마음이 편하다는 장점도 있죠.

치유 과정을 자기 주도적으로 이끌어 가게 된다는 것도 좋은 것 같아요. 상담이나 외부의 도움에 의지하다 보면 "나를 좀 어떻게 해 주세요!"라면서 수동적인 태도를 취하기가 쉽거든요. 스스로 자신의 문제를 파고들기보다는 상담사에게 그냥 맡겨 버리는 경우도 많고요. 근데 셀프 심리 상담은 그럴 수가 없죠. 스스로 묻고 답하다 보면, 자신을 탐색하고 해결책을 제시해야 하는 사람은 결국 '나'라는 걸 알게 돼요.

그래서 전 상담을 받을 때, 내가 나 자신에 대해 먼저 고민하고 상담사의 도움을 받아야 할 부분이 뭔지 미리 생각해서 갔어요. 이렇게 사전 준비를 하며 셀프로 진행했던 상담 시간이 실제 상담 시간의 10배는 넘었던 것 같아요. 그렇게 하니 상담이 좀 더 빠르게 진행되었고, 확실히 얻어 가는 것도 더 많았어요.

그럼에도 여전히 셀프 상담이 어렵게 느껴진다면, 친한 친구가 인사를 건네는 것처럼 가볍게 자신을 향해 안부를 물어보는 것도 괜찮을 것 같아요.

당신은 요즘 어떻게 지내나요?

셀프 심리 상담에도
지켜야 할 규칙이 있어요 ✿

첫째, '상담자'는 '내담자(상담을 받으러 온 사람)'가 무슨 말을 하든 맞장구쳐 줘야 해요.
둘째, '내담자'를 비난하는 말이나 욕은 절대 하면 안 돼요.

먼저, 자신을 내담자와 상담자로 나누세요. 스스로를 인터뷰한다고 생각해도 돼요. 마음씨 좋은 친구한테 이야기한다고 생각해도 되고, 의자에 인형 하나를 앉혀 놓아도 괜찮아요. 무엇이든 자기가 편하게 느껴지는 관계로 설정하면 돼요. 그리고 상담사가 되어 이것저것 물어보고 이야기를 들어 주세요.

평소 자기도 모르게 스스로를 비난하거나 욕하는 습관이 있었더라도 셀프 상담을 하는 동안에는 자제해야 해요. 질문하고, 맞장구쳐 주고, 딱 이 두 가지만 하세요. 충고를 해 줄 필요도 없어요. 충고 대신 어떻게 하면 해결될 것 같은지 물어보세요. 사극을 보면 왕이나 왕비 같은 높은 사람들 옆에는 항상 그들의 말을 들어 주는 시종들이 있잖아요. 그것과 비슷해요. 말하는 사람의 기분을 거스르지 않으면서 조심스럽게 마음속 말을 이끌어 내는 것, 그게 바로 셀프 심리 상담의 핵심이에요.

_상담을 할 때는 입 밖으로
소리 내서 말하는 게 더 효과가 좋아요.

　예를 들면, "아까 기분이 어땠어요? 화가 났나요?", "네, 화가 많이 났어요. 그 사람은 왜 매사 그렇게 행동하는지 모르겠어요. 짜증나요.", "그러게요. 남 생각은 하나도 안 하네요." 이런 식으로 상담자가 물어보는 말, 내담자가 답하는 말을 혼자 주고받으면 돼요. 그냥 머릿속으로만 이야기하면 감정을 충분히 표현하기 어려워요. 꼭 사람과 대화하는 것처럼 말로 해 주세요.

방법 ① :
마음의 체온을 재는 시간 ♣·

　마음의 체온을 잰다는 건 내 마음이 지금 어떤 감정으로 가득 차 있
는지, 그래서 감정의 온도는 몇 도인지 스스로에게 물어보는 거예요.
하루에 한 번 시간을 정해 놓고 해도 괜찮고 아무 때나 수시로 해도 좋
아요.

　예를 들면, "오늘은 어땠어요?", "지금 기분은 어때요?", "무슨 일
이 있었어요?"와 같은 질문들을 던지는 거죠. 이런 질문들에 대답하려
면 좋든 싫든 자신의 감정을 들여다봐야 하죠. 마음을 잘 살펴보고 솔
직하게 대답을 하면 돼요. "오늘은 기분이 좋지 않아요. 왜 그런지 모
르겠는데 뭔가 찌뿌둥한 느낌이에요. 왜 이럴까요?", "지금 너무 부끄
러워요. 아까 춤출 때 잘 못 따라가고 흐느적거렸는데 어떤 사람이 그
걸 지켜보고 있어서 너무 창피했어요." 이런 식으로, 너무 깊이 생각
할 필요 없이 떠오르는 대로 자기 기분에 대해 이야기하면 돼요.

　별것 아닌 것 같지만 이렇게 물어봐 주기만 해도 기분이 좀 나아
져요. 내가 이렇게 신경을 써 줄 만큼 자신이 소중한 사람이라는 생각
도 들고, 보살핌을 받고 있다는 기분도 느낄 수 있죠. 동시에 오늘 하
루도 나 자신이 잘 견딜 수 있도록 뭔가 기분 좋아질 만한 일을 해 주

고, 잘 돌봐 줘야겠다는 책임감도 생겨요. 매일 마음의 온도를 재는 행동 하나만으로도 부정적인 감정들이 많이 줄어들죠. 내 마음을 꼭 누군가 다른 사람이 알아줘야 하는 건 아닌가 봐요.

정혜신 박사의 『당신이 옳다』라는 책에 우울증에서 벗어날 수 있는 방법의 하나로 '심리적인 CPR(심폐 소생술)'이라는 용어가 나와요. 사람의 생각과 감정에 관심을 갖고, 물어보고, 발설하게 만드는 것이 우울증으로 질식해 가는 사람을 살릴 수 있는 방법이라는 거죠. 그런데 이걸 꼭 남이 해 줘야 하는 건 아니에요. 자신에게 오늘 기분이 어떠냐고 물어봐 주고, 거기에 대답해 주는 것 정도는 우울증 환자들도 얼마든지 할 수 있는 일이니까요.

방법 ② :
나 자신을 돌봐 주는 시간 ·❀·

　마음의 체온을 재 보니, 아프고 힘들고 기분도 안 좋고 슬프다는 대답이 나왔다면 자신을 돌봐 주는 시간을 가져야 해요. 자신에게 공감해 주고 뭔가 기분 전환에 도움이 될 만한 것들을 해 주는 시간이죠.

　"오늘 많이 힘들었겠네요. 그래도 잘 버텼어요. 따뜻한 물로 목욕하고 자면 기분이 좀 나아질 거예요.", "배 안 고파요? 샌드위치라도 만들어 줄까요?", "얼른 이불 덮고 누워요. 내일이면 괜찮아질 거예요. 잘 자요." 이런 식으로 이야기하면서 스스로를 잘 보살펴 주면 돼요.
　"오늘 정말 잘 견뎠어요. 많이 힘들었을 텐데 진짜 잘했어요. 다이어트는 접어 두고 오늘은 특별히 엄청 맛있는 걸 먹는 게 어때요? 뭐가 좋을까요?" 이렇게 자신을 위로해 주고 기분 전환이 될 만한 것들을 열심히 제안해 주는 것도 좋아요. 물론 현실에선 목욕물을 받고 샌드위치를 만들고 이불을 펴는 건 모두 자기가 해야 되죠. 그렇지만 자신을 향해 따뜻한 말을 건네면서 이런 일들을 하면 조금이라도 위로가 돼요.

　그러다 보면 내 안에 두 종류의 '나'가 있다는 걸 자연스럽게 알게 돼요. 우울증으로 고통받고 무기력해진 나와, 그런 나를 보호하고 보살피는 내가 동시에 존재하는 거죠. 셀프 상담을 통해 후자가 성장할수록 우울증 치료에 더 큰 도움이 될 거예요. 내가 나를 돌보려고 노력하는 것 자체가 마음의 면역을 더 튼튼하게 만들어 줄 테니까요.

_지금 우리에게 필요한 건 '자신을 비난하는 나'보다
훨씬 더 강력한 '자신을 돌보는 나'예요.

방법 ③ :
공감하고 질문하는 시간 ﹢

힘든 일이 있었다면 일단 먼저 공감부터 해 주세요. "지금 마음이 그렇군요.", "아, 정말 힘들었겠어요.", "그 사람 진짜 나쁘네요." 이렇게 맞장구쳐 주면 돼요. "다들 참고 견디는데 너는 왜 그래?" 이렇게 비난하지 말고 무조건 내 편이 돼 주어야 해요.

다음에는 그 상황에 대한 구체적인 질문들을 하면 돼요. 왜 그런 마음이 들었는지, 다른 감정을 느끼지는 않았는지, 비슷한 경험을 예전에도 한 적이 있었는지 등에 대해 물어보고 답해 보세요.

"모임에서 뭐가 힘들었어요?"

"친구 A와 B가 크게 다퉜는데 둘 사이에서 좀 힘들었어요."

"A와 B는 왜 싸웠는데요?"

"사소한 오해가 있었어요. 그런데 모임에서 A와 B를 두고 편이 좀 나뉜 느낌이에요. A를 두둔하는 사람들이 있고 B의 의견에 동조하는 사람들이 있고, 그 사이에 있자니 힘이 드네요."

"A와 B 모두랑 친하니 당신 입장이 정말 난감하겠네요. 그래서 어떻게 했어요?"

"A한테는 B의 입장을, B한테는 A의 입장을 전달하려 노력했는데,

두 사람 모두 주제넘게 참견하지 말라는 식으로 절 비난하는 느낌이에요."

_질문과 대답을 주고받다 보면 짜증이나 슬픔, 우울, 불안처럼 우리를 사로잡는 감정들이 서서히 가라앉아요.

생각지도 못했던 마음들을 발견하고 보듬어 줄 수도 있고요. 이렇게 자기 자신에 대해 알아가는 건 우울증 치유에서 정말 중요한 과정이에요. 자기 마음을 잘 알아주고 이해해 주는 사람은 우울증으로부터 자신을 더 잘 보호해 줄 수 있으니까요.

힘들 때만이 아니라 기분 좋은 일이 생겼을 때도 똑같아요. "그렇게 기분이 좋아요? 정말 잘됐네요.", "좋은 사람들을 만나서 다행이에요."와 같이 공감해 주세요. 즐거운 일에 대해 구체적으로 묻다 보면 그 즐거움을 만들어 낸 스스로를 칭찬할 수도 있고, 그동안 몰랐던 자신의 장점을 새롭게 발견하기도 해요. 이를 통해 내 안의 긍정은 더 크게 자라나게 되죠.

방법 ④ :
솔루션을 찾아 가는 시간 ❖

솔직히, 우리 안엔 답이 없는 문제들이 더 많아요. 그러니 셀프 상담을 할 때도 "어떻게 하면 좋을 것 같아요?"처럼 그저 의견을 구하는 정도로만 물어봐 주세요. 문제 해결을 위해 시도해 볼 만한 것이 있는데 아직 용기가 없다고 하면, 나중에 할 마음이 생겼을 때 다시 해도 된다고 말해 주세요. 혹 잘 모르겠다고 하거나 대답을 안 해도 끈질기게 질문하지는 마세요. "그럼 우리 시간을 가지고 천천히 생각해 봐요." 이 정도로만 해도 괜찮아요. 모든 문제 상황에 대해서 항상 해결책을 찾고 매듭을 짓고 그렇게 하지 않아도 돼요. 그렇게 되지도 않고요.

_문제를 해결하기 어려운 경우라도,
그 문제에 대한 대응 방법은 우리가 선택할 수 있어요.

현실을 바꿀 수는 없어도 어떻게 받아들이냐는 우리 마음이니까요. 스스로에게 해결책을 물어보면 자신이 할 수 있는 일이 무엇인지 진지하게 고민하게 되겠죠. 우울증에서 벗어날 수 있는 방법도 스스로에게 물어보세요. 그러면 아마 시간은 좀 걸리더라도 내 마음이 그 답을 찾아 줄 거예요.

셀프 심리 상담은 결코 어려운 게 아니에요. 그냥 가까운 친구와 대화하는 것처럼 자기 자신과 대화하는 거죠. 자신이 잘못 생각하고 있는 게 보이더라도 굳이 바꾸려고 할 필요 없어요. 나의 걱정과 불안, 생각과 감정에 대해 묻고 솔직하게 대답하는 것으로 충분해요. 그러다 보면 복잡했던 머리와 마음도 대충 정리가 되고, 혼자라는 외로움도 덜 느낄 수 있어요. 더 나아가 나를 힘들게 만드는 생각들이 뭔지 파악할 수 있게 되고, 그것들을 하나하나 바꿔 나갈 수 있는 마음들이 준비되기 시작한답니다.

part 9

나는 스스로를
죽이려 했던
살인미수범이에요

이런 것들이
자살 신호예요 .✿·

　자살 신호에는 여러 가지가 있어요. 그런데 대부분 일상적으로 볼 수 있는 모습들이라 알아차리기가 쉽지는 않죠. 예를 들어 가족끼리 말다툼을 하다가 갑자기 눈물을 뚝뚝 흘리는 것도 흔한 일이지만 최악의 경우엔 자살 신호일 수 있어요.

　자살하기 전 갑자기 가까운 이들에게 고맙다, 미안하다고 말하거나, 같이 있어 달라고 부탁하거나, 오늘 꼭 만나자고 전화를 하기도 해요. 어떤 사람들은 가족들에게 통장 비밀번호를 알려 주기도 하고요. 내가 죽으면 어떨 것 같으냐고 슬쩍 물어보는 사람도 있고, "뉴스를 보니까 누군가 이런 일로 자살했대.", "이런 방식을 쓰면 고통 없이 죽을 수 있대." 이렇게 돌려서 표현하는 사람들도 있죠. 대놓고 고민을 털어놓는 경우도 있어요. "직장을 그만두면 어떨까?", "시험을 포기하면 어떨까?"와 같이 자신을 죽음으로 내모는 것들에 대해 얘기를 하기도 하죠. 수면 시간이나 체중이 급격히 변한다거나, 불을 끄고 혼자 멍하니 방에 앉아 있는 경우도 있고요.

　저 같은 경우는, 눈물을 흘리는 것, 자살 유가족에 관한 책을 읽는 것, 가족과 심한 말다툼을 하다 갑자기 입을 다물어 버리는 것, 한 걸음도 못 뗄 정도로 무기력해지는 것 등이 징후였어요. 그런데 사실 자살을 하려는 이들은 주변 사람들이 알아차릴 수 있는 표시를 거의 남기지 않아요. 대부분은 방해받지 않고 자살에 성공하기를 바라기 때문에 최대한 숨기려 하죠.

_저도 자살하려고 했던 그날 저녁,

가족들과 웃으면서 밥을 먹었어요.

자살하고 싶다고 말해 봤자 가족들이 도와주지 않을 거라고 생각했거든요. 가족들이 도와줄 거라는 믿음이 있었다면, 처음부터 자살 말고 다른 해결책이 있다고 생각했다면 자살을 선택했을까요? 그러니 사랑하는 이의 자살을 예방하고 싶다면 신뢰부터 회복해야 해요. 결국, 자살 신호를 미리 알아차려서 자살을 막는 것보다는, 평소에 자살 예방을 위해서 할 수 있는 일들을 알아 두는 게 더 도움이 돼요.

'자살'까지도 터놓고 얘기할 수 있는 사람이 필요해요 🌱♣

자살하려는 사람들은 대부분 이런 마음을 숨기려 하지만, 다른 한편으로는 자살하지 않게 도와 달라고 말하고 싶은 마음도 가지고 있어요. 내면에선 고통을 끝내기 위해 자살하고 싶은 마음과 고통만 없다면 어떻게든 살고 싶은 마음이 치열하게 싸우고 있죠. 그래서 자살하기 전에 알아차리기 힘든 형태로 주위에 도움을 요청하기도 해요. 이때 자살에 관한 이야기까지도 편하게 할 수 있을 만큼 신뢰하는 사람이 곁에 있다면, 생각보다 쉽게 자살 계획을 털어놓을 수도 있어요.

부모나 배우자, 형제자매, 친구 등 누구라도 좋아요. 자살에 관한 이야기까지 나눌 수 있을 만큼 믿을 만한 사람이 단 한 명이라도 있으면 돼요. 그런 관계를 형성하려면 무슨 이야기를 해도 화내지 않고, 자살 이야기를 해도 정신병자 취급하지 않을 거라는 확신이 필요하죠. 무슨 이야기를 해도 괜찮은 사람이라는 믿음을 주는 방법은 간단해요. 평소에 '나는 무슨 일이 있든 네 편이다, 나에겐 너의 건강과 행복만이 중요하다.'라는 메시지를 계속 주는 거죠.

_저에겐 엄마가 그런 사람이에요.

엄마는 제가 무슨 일을 하더라도 제 편을 들어주고, 저와 함께 문제를 해결해 줄 거라는 믿음을 주는 사람이에요. 엄마는 제가 자해했다는 걸 알았을 때도 저를 이상한 사람 취급하지 않았어요. 자해를 할 만큼 제가 고통스럽다는 걸 마음 아파했죠.

그래서 전 자살을 생각할 만큼 힘든 일이 있을 때 엄마와 편하게 이야기를 나눌 수 있었어요. 그럴 때마다 엄마는 충격을 많이 받았지만, 다른 한편으로는 이렇게 말해 주니 안심이 된다고 하셨어요.

죽을 만큼 힘들다는 걸 제때 털어놓고, 제때 위로받을 수만 있다면 자살 충동은 금방 사그라들어요. 우울증이 계속되는 한 또다시 올라오겠지만, 최소한 그날 자살하는 건 막을 수 있으니까요.

평소 자살에 대해
대화를 나누세요 ❖•

가끔이라도 자살에 관해 이야기를 해 보는 건 어떨까요? 자살에 대해 편하게 말할 수 있는 분위기를 만들어 보는 거예요. 신문이나 뉴스에 나오는 자살 기사들에 대해 이야기를 나누어도 좋고요. 평소에 가족들이 자살에 관한 자신의 생각과 가치관을 나눌 기회가 있다면, 나중에 가족 중 누군가 자살을 생각할 만큼 큰 고통을 겪게 되었을 때 도움이 될 수 있어요.

"뉴스를 보니까 빚내서 주식 하다가 자살한 사람이 있더라. 그 부모는 얼마나 마음이 아플까. 집을 팔고 전 재산을 다 잃어도 자식이 살아 있기를 바랐을 텐데. 부모에게 이야기하고 같이 방법을 찾지 않은 게 너무 안타까워. 어쨌든 자살은 해결책이 아니야." 이런 식으로 말이죠.

극한 상황에 몰리면 사람들은 이성적으로 판단하지 못해요. 그래서 부모님에게 혼날까 봐, 가족들이 실망할까 봐 혹은 사람들에게 알려지는 게 너무 수치스러워서 자살을 시도하기도 하죠. 평소에 가족들 중 누군가 이런 말을 했다면, 나중에 비슷한 상황에 처했을 때 혼자 끙끙 앓다가 자살을 선택하는 대신 솔직하게 털어놓을 수도 있어요.

_평상시에 우리가 하는 말들을

가족 중 누군가에게 문제가 닥쳤을 때 우리는 얼마나 열린 마음으로 대처하고 있을까요? 안심시켜 주고 함께 해결해 가자고 말하는 대신 비난부터 하진 않나요? 평소에 안 좋은 일을 알렸을 때 가족들이 어떤 반응을 보이고 어떻게 문제를 해결해 나가는지가 중요해요.

이밖에도 몰카나 성범죄, 학교 폭력 등 심하게 고통받으면서도 부모에게 쉽게 말할 수 없는 일들도 있어요. 평소 뉴스에 나오는 다양한 상황에 대해 자녀들과 같이 편안하게 이야기하는 시간을 가져 보세요. "몰카 영상이 퍼지면 정말 수치스럽고 많이 힘들 거야. 죽고 싶은 기분이겠지. 하지만 사람들은 남의 일에 큰 관심이 없고 조금만 지나면 다 잊어버리잖아. 그런 것 때문에 소중한 목숨을 버리는 건 너무 무모한 선택이지 않을까? 무슨 일이 생기든 가족들이 서로 아껴 주고 함께 노력하면 헤쳐 나갈 수 있다고 생각해." 이렇게 말이에요.

자살을 결심한 사람들 중에는 자기 자신을 용서할 수 없는 경우가 많아요. 사회 활동에서 실패한 사람은 무능력한 자신을 용서하지 못하고, 범죄 피해자는 그런 일을 당한 게 모두 자신의 책임이라 생각하기도 하죠. 이럴 땐 가족이 곁에서 붙잡아 주는 것만으로도 큰 힘이 돼요. 어떤 경우에라도 넌 절대 민폐가 아니라고, 살아만 있어도 너는 우리에게 행복을 주는 존재라고, 무슨 일이 있어도 우린 끝까지 함께 갈 거라고 말해 주세요. 이런 말들은 스스로 숨 쉴 수 없는 환자에게 인공호흡기를 달아 주는 것과 같아요.

　요즘은 학교에서도 자살 예방 교육 같은 것을 많이 하지만, 무엇보다 중요한 건 가장 가까운 사람들의 생각이에요. 평소에 가족끼리 대화하면서 생명보다 소중한 것은 없다는 가치관을 키워 나가면 좋을 거 같아요.

자살을 막기 위한
'가족 매뉴얼'을 만드세요 ❀

중앙자살예방센터에서 자살 예방 교육을 들었던 적이 있어요. 다 알고 있다고 생각되는 것들이라도 직접 가서 듣는 건 또 다르더라고요. 자살 생각이 있는지 직접적으로 물어보는 것, 자살 계획을 털어놓는 사람을 설득하고 자살 예방 기관에 알리는 것 등은 혼자만의 생각으로 해낼 수 있는 것들이 아니었어요.

가족들이 함께 가도 좋을 것 같아요. 전문가가 만들어 놓은 프로그램을 통해 교육을 받으면 실제 그런 상황이 닥쳤을 때 혼자 이것저것 생각하고 판단 내릴 필요 없이 매뉴얼대로 실천할 수 있을 테니까요. 또 이걸 계기로 가족들이 자연스럽게 '자살 예방을 위한 방법'에 대해 이야기를 나누며 매뉴얼을 만들어 봐도 좋을 것 같아요.

다음은 제가 만들어 본 '자살 예방을 위한 가족 매뉴얼'이니 참고하세요.

매뉴얼① : 힘든 일이 있는지 하루에 1번 물어보기

이런 규칙을 정해 놓고 묻고 답하다 보면 힘든 일을 털어놓는 게 습관이 될 수 있어요. 아무도 묻지 않는데 불쑥 힘든 이야기를 꺼내긴 쉽지 않거든요. 자기 때문에 집안의 평화가 깨질 것 같아 걱정되고, 가족들의 반응이 어떨지 몰라 두렵기도 하죠. 이럴 때 매일 한 번 그날 겪은 힘든 일에 대해 물어보는 규칙이 있다면 편하게 이야기할 수 있을 것 같아요.

말로 한다고 문제가 해결되는 건 아니지만 "힘들다."는 한 마디라도 터놓고 할 수 있으면 부정적인 감정이 용광로처럼 끓어오르다 극단적인 상황까지 가는 건 어느 정도 예방할 수 있어요.

매뉴얼② : 힘들어할 때 대응할 방법들 연습하기

사람마다 위안을 느끼는 방식은 다 달라요. 같이 있어 주길 바라는 사람도 있고 혼자만의 시간이 필요한 사람도 있죠. 이야기를 들어 주고 공감하는 시간은 꼭 필요하지만, 감정이 좀 정리된 후에야 표현할 수 있는 사람도 있어요. 가족들이 모두 모여 자기가 힘들 땐 이렇게 해 줬으면 좋겠다는 걸 이야기해 보세요.

예를 들면 "내가 힘들어할 땐 같이 맛있는 거 먹었으면 좋겠어. 그리고 말할 준비가 될 때까지 좀 기다려 줬으면 해."라든가, "난 아기처럼 안아 주고 누가 우리 OO 힘들게 했냐고, 엄마가 혼내 준다고, 그렇게 달래 줬으면 좋겠어."라든가, "난 내 이야기를 잘 들어 주면 좋겠어. 그리고 많이 힘들었겠다고 공감해 줬으면 좋겠어." 이렇게 말이죠.

말한 것들을 적어 놓고 앞으로 그렇게 해 주세요. 그러면 당사자는 자기가 원하는 방식대로 위로받으니 금세 안정을 찾을 거고, 다른 가족들은 뭘 어떻게 해 줘야 할지 몰라 당황할 일이 없겠죠. 자신의 방식대로 상대방을 위로해 주려다 상처를 주는 일도 없을 거고요.

가족들이 자신이 원하는 방식대로 위로해 주려 노력한다는 것 자체가 아주 강력한 애정 표현이에요. 이렇게만 된다면 웬만한 일들은 가족들의 사랑으로 이겨 낼 수 있겠죠. 작은 노력이지만 이런 순간들이 하나하나 모여 자살을 예방할 수 있을 거라 생각해요.

매뉴얼③ : SOS 보내는 법 연습하기

자살 충동이 심하게 올라오는 위급한 상황이 벌어졌을 때, "나 죽을 것 같아. 좀 도와줘."와 같은 말을 할 수 있게 미리 연습해 두는 것도 필요해요. 자살을 시도하는 사람들은 한편에 살고 싶은 마음이 있어도 구조 요청을 보내는 게 쉽지 않거든요. 가족들이 충격을 받거나, 화를 내거나, 상처 주는 말을 할까 봐 두렵기도 하고요. 또 모든 의욕이 순식간에 사라져 도와 달라는 말조차 할 수 없을 때도 있어요.

그럴 때 카톡으로 숫자 1을 보낸다거나 특정한 단어를 말한다거나 하는 신호를 미리 정해 두면 당황할 일이 없겠죠. 신호를 보내면 아무리 큰일이 있더라도, 심하게 말다툼하는 중이었다 해도 그 즉시 모든 걸 중지하고 이야기를 들어 주세요. 이런 식으로 가족들이 늘 한결같이 반응해 주면 당사자는 믿음을 갖게 돼요. 그리고 자살 충동이 올라

올 때 망설이지 않고 가족들에게 도움을 청하겠죠.

저는 아빠와 싸울 때마다 자살하고 싶은 마음이 자주 들었어요. 마음속으론 제발 그만하라고, 나 죽을 것 같다고, 제발 도와 달라고 말하고 싶었지만 결국 하지 못했죠. 아빠가 "죽고 싶다고? 그럼 죽어. 너 같은 거 나도 필요 없어!" 이렇게 말할까 봐 아무 도움도 청하지 못했어요. 만약 "나 죽을 것 같아. 좀 도와줘."라고 말할 때 모든 행동을 멈추고 도와주기로 약속했다면 어땠을까요? 그랬다면 전 자살로 내몰리고 있다고 느끼는 순간에도 두려워하지 않고 도움을 요청할 수 있었을 것 같아요.

매뉴얼④ : 힘든 상황도 받아들이는 연습하기

각자 자살을 생각할 만큼 끔찍하고 받아들이기 힘든 일들이 뭐가 있을까 생각해 보고 가족들과 이야기를 나누어 보세요. 그리고 가족과 함께 그런 순간들도 수용하고 받아들이는 연습을 해 보세요. 드라마나 영화를 토대로 이야기를 나누어도 괜찮아요.

예를 들어 드라마 <SKY 캐슬>의 세리 입장에서 얘기할 수도 있겠죠. "나 사실은 하버드에 입학한 적 없어. 정말 미안해."라고 이야기하면, 가족들은 "그랬구나. 그동안 말도 못 하고 많이 힘들었겠다. 괜찮아. 우린 네가 제일 중요해. 너만 괜찮으면 됐어." 이런 식으로 연습을 하는 거죠.

많이 오글거리고 하다 보면 웃음이 날지도 모르지만, 평소에 이런 연습을 해 두면 자살 충동이 올라오는 순간에 반드시 도움이 될 거예요. 혼자 끙끙 앓다가 어렵게 말을 꺼낸 자식 입장에서는 내가 무슨 말을 하더라도 부모님이 모두 받아 줄 거라는 신뢰가 생기고, 견디기 힘든 상황을 마주해야 하는 부모의 입장에서는 그때 왜 '받아들이는 연습'을 했는지, 그때 어떤 말로 대응했었는지를 기억해 내고 적절하게 대처할 수 있을 테니까요.

매뉴얼⑤ : 자살에 대해 의심해 보기

과거에 자살을 생각했던 순간들이 있었다면 가족과 함께 이야기를 나누어 보세요. 당시에 그 일들이 얼마나 심각하게 느껴졌는지 구체적으로 말해 보는 거예요. 그 다음엔 그 일들이 인생에 얼마나 큰 영향을 미쳤는지, 지금은 어떻게 느끼는지 이야기해 보세요. 어릴 때 부모님에게 크게 혼났던 일, 대학 입시나 취직에 실패했던 일, 사업이 어려워졌던 일 등 여러 가지가 있겠죠. 자살까진 생각하지 않았더라도 인생이 끝난 것 같은 절망감을 느꼈던 순간에 대해 얘기해 보는 것도 괜찮아요. 아마 대부분의 경우엔 지금까지 큰 문제로 남아 있지 않을 거예요.

그 다음엔 현재 겪고 있는 힘든 일들에 대해서도 이야기해 보세요. 지금은 이 일 때문에 많이 힘든데 10년 후에는 이걸 어떻게 받아들이게 될지, 시간이 지나면 다른 일들처럼 또 아무렇지 않게 될지, 이런 대화를 나눠 보는 거죠.

자살하려는 사람의 마음속에는 늘 0.000001%라도 살고 싶어 하는 마음이 있어요. 그 마음은 살아 있어도 괜찮은 이유를 어떻게든 찾고 싶어 하죠. 그럴 때 '정말 이게 자살할 만한 일일까?'라는 의심만 던져 줘도 자살을 막을 가능성이 높아져요. 평소에 과거의 실패와 좌절에 대해 함께 이야기하고, 그런 일들도 시간이 지나고 나니 별것 아니더라는 걸 깨닫게 되면, 자살로 나아가려는 위급한 순간에도 스스로 합리적인 의심을 던질 수 있게 돼요. '이 일도 10년쯤 후에는 별거 아닌 게 될 거야.'하고요.

자살까지 생각하는 사람은 주위를 둘러보고 객관적으로 상황을 판단할 수 있는 정신적인 힘이 많이 부족해요. 그래서 남들이 볼 때는 왜 그런 일로 자살을 하는지 이해가 안 되는 상황에서도 스스로를 벼랑 끝으로 내몰죠. 평소에 실패와 좌절을 객관적으로 평가해 보는 경험을 많이 해 두면 자살을 예방하는 데 도움이 될 거예요.

'나만의 멘탈 119' 만들기 ୬✿

우울증이 오래되면 병으로 인한 고통 때문에 신경이 닳고 또 닳아요. 그래서 항상 한계점에 도달해 있는 기분으로 살아가게 되죠. 물이 턱 밑까지 차올라 있는 느낌이랄까, 그럴 때는 물 한 컵만 더해져도 익사하게 돼요. 우울증 환자가 가족과 별것 아닌 일로 말다툼을 벌인 뒤 자살을 결심하고 옥상으로 올라가는 건 이런 이유 때문이에요.

반면 자살 충동에 저항할 힘은 거의 없죠. 자살하지 말아야 될 이유를 확실히 알고 있다고 해도 에너지 자체가 부족하면 자살 충동을 억제하기 어려워요. 그래서 '응급 상황'에 어떻게 행동해야 할지 '나만의 멘탈 119'를 미리 정해 놓고, 매뉴얼대로 꾸준히 훈련을 하는 게 좋아요. 충격을 심하게 받은 상황에서도 몸에 밴 습관은 기억이 나니까요.

_핵심은 나를 지킬 수 있는 나만의 방법을
수첩에 적어 보고 미리 준비하는 것이에요.

응급 상황에 바로 들을 수 있게 음악이나 동영상 파일을 스마트폰에 다운받아 놓거나, 자살 충동이 들 때 도움을 요청할 사람의 전화번호를 스마트폰 바탕 화면에 띄워 놓는 거죠. 극단적인 결정을 내리기 전에는 무조건 부모님을 만나거나 조부모님의 산소를 방문하겠다는 등의 규칙도 좋아요. 무엇이 되었든 응급 상황에서 나를 지킬 수 있다고 생각되는 방법들 중 가장 효과가 있어 보이는 것들을 준비해 놓으면 돼요.

저는 다음과 같은 '멘탈 119'를 만들어서 힘들 때 활용했어요.

1) 기도문이나 노래 외우기

어려운 상황에서 반복해서 암송할 수 있는 짧은 기도문이나 노래를 외워 두는 방법은 꽤 효과가 있었어요. 갑작스럽게 큰일이 닥쳐 온몸과 마음이 짓눌리는 기분이 들면 정말 아무것도 할 수가 없거든요. 그 순간에 인간이 마지막으로 할 수 있는 건 '생각'과 '중얼거림'뿐이에요. 기도문이나 노래를 중얼거리는 건 가능하다는 얘기죠.

종교가 있다면 마음에 드는 기도문을, 없다면 위기의 순간에 가장 위로가 되는 문장이나 노래를 중얼거리면 돼요. 중요한 것은 반복적으로 암송할 수 있어야 한다는 거예요. 매일 밤 자기 전에 연습해 두면 위급할 때 큰 도움이 돼요. 그러다 힘든 순간이 닥쳐오면 바로 암송을 시작하세요. 기도문이나 노래 가사에 집중하다 보면 외부 상황에 대한 생각이나 마음의 고통이 잠시 차단돼요. 천 길 낭떠러지로 떨어지려는 순간에 이 작은 중얼거림이 내 생명을 구해 줄 한 가닥 동아줄이 될 수도 있어요.

2) '감정 목도리' 만들기

뜨개질은 집중력을 필요로 하는 작업이에요. 단순한 동작을 반복하면서 손을 움직이다 보면 현재의 문제 상황에 대한 생각을 잠시 멈출 수 있죠. 어디든 휴대하고 다닐 수 있다는 장점도 있고요. 바늘과 실 한 뭉치를 항상 가방에 넣고 다니면 우울한 감정이 밀려오거나 문제 상황이 발생했을 때 바로 꺼내서 뜨개질을 시작할 수 있어요. 우울증을 치료하는 게 목적이기 때문에 어려운 기술도 필요 없고, 기초 단계는 유튜브로도 충분히 배울 수 있답니다.

우울감이 밀려오면 바로 뜨개질을 시작하고, 가라앉으면 멈추세요. 우울감이 시작되면 반사적으로 뜨개질을 시작하도록 평소 습관을 들여 놓는 게 중요해요. 그렇게 해 나가다 보면 목도리의 길이가 늘어날 거예요. 실로 떠 내려간 면적은 그동안 내가 느낀 불안, 스트레스, 고통의 크기를 말해 주죠. '감정 목도리'는 이렇게 만들어지는 거예요. 고통의 정도를 눈으로 직접 확인할 수 있기 때문에 '그때 이렇게 화가 많이 나고 힘들었구나.'하고 나중에 자신을 돌아보는 데도 도움이 많이 되죠.

완성된 '감정 목도리'는 한 달 단위로 잘라 내서 그 달에 어떤 힘든 일이 있었는지 간단히 적은 쪽지와 함께 상자에 보관하세요. 그렇게 1년이 지나면 12개의 '감정 목도리'를 갖게 되겠죠. 유독 힘든 일이 많았던 달은 목도리가 길 것이고, 즐거운 일로 가득했던 달은 손바닥만큼도 안 될 거예요.

한 해가 마무리되어 갈 때쯤 그 조각들을 꺼내 살펴보면서 지난 1
년을 돌아보고 스스로를 칭찬해 주세요. "이만큼 힘들었는데도 자살
하지 않고 열심히 잘 버텼구나.", "그때는 그 일 때문에 죽고만 싶었는
데 지금은 아무렇지도 않네." 이러면서 말이죠. '감정 목도리'는 세상
의 온갖 힘든 일들에도 불구하고 우리가 우리 자신을 사랑하고 지키
기 위해 노력한 증거가 될 거예요.

3) 정기적인 취미 생활 만들기

매주 규칙적으로 할 수 있는 취미 생활이 있으면 더 좋아요. 응급
상황이 생기더라도 매주 다가오는 '취미 활동 하는 날'을 기다리며 어
느 정도 감정을 다스릴 수 있게 되니까요.

우울증 치료 1년 차 때 전 '월·수·금·일' 이런 식으로 하루걸러 한
번씩 취미 생활을 하러 다녔어요. 이 글을 쓸 무렵 굉장히 힘든 일도 있
었는데, 공부나 일만 하는 일상이었다면 아마 버티지 못했을 거예요.
그런데 취미 생활은 내가 즐거워서 하는 일이고 일정도 정해져 있다 보
니 힘든 와중에도 그날이 기다려지고, 꼼짝할 수 없을 때도 억지로 참
석하게 되더라고요. 일단 가면 기분이 편안해지고 그 순간만큼은 모
두 다 잊고 즐거운 시간을 보낼 수 있었어요. 이런 시간들이 일상을 든
든하게 받쳐 주니 정신적인 응급 상황도 잘 이겨 내고 평온하고 즐거

운 기분을 계속 느낄 수 있었죠.

4) 무료영화 몰아 보기

네이버엔 2~3일에 한 번 정도 무료 영화가 올라와요. 전 일단 보든 안 보든, 관심이 있든 없든 무조건 모두 다운을 받아요. 그러다 너무 힘든 일이 생겼을 때, 현실을 잊기 위해 영화를 보곤 하죠. 영화에 2시간 이상 몰입해 있다 보면 그 순간만큼은 자신이나 현실에 대한 생각을 잊을 수 있기 때문에 위기를 넘길 수 있어요. 자살 충동을 가라앉히는 데도 꽤 도움이 되고요. 영화가 끝난 후에도 여전히 힘들다면 지쳐서 잠이 들 때까지 계속 다른 영화를 틀어 놔도 돼.

반려동물을 키우는 이들도 많아요. 가족과 같은 반려동물이 있으면 자살 충동이 올라와도 한 번 더 고민하게 되고, 또 아무리 힘든 일이 있어도 반갑게 맞아 주는 반려동물을 바라보며 위안을 얻기 때문이겠죠.

어떤 방법이든 내가 좋아하는 것, 나를 살릴 수 있는 것들의 목록을 만들어 두세요. 위기 상황이 닥치면 바로 그곳으로 달려갈 수 있게끔 말이죠. 우리는 경험상 잘 알고 있잖아요. 아무리 힘들어도 버티고 기다리면 언젠가는 반드시 출구가 나온다는 걸요. 모든 것이 다 무너져 내리고 이대로는 죽는 것만이 답이라 느껴질 때도, 그 순간만 잘 넘기면 인생은 다시 이어진답니다.

자살 징후가 보일 땐
이렇게 대처하세요 ❖.

사소하지만 자살 신호처럼 느껴지는 것을 발견하거나, 뭔가 평소와 다른 것 같은 이상한 느낌이 들면, 자살을 생각하고 있냐고 직접적으로 물어보는 게 가장 좋다고 생각해요. 자살하고 싶으면서도 한편으론 살고 싶은 마음, 바로 그 마음에게 말을 거는 거죠. 단도직입적으로 물어보면 아마 대부분의 경우 솔직히 이야기를 할 거예요.

사람마다 다르겠지만, 저는 그렇게 물어봐 주는 게 큰 위로가 될 것 같아요. 제가 얼마나 힘든지를 알아봐 준 거니까요. 주변에 우울증을 앓은 이가 있다면 요즘 힘든 일이 있는 건 아닌지 진지하게 물어보고, 네가 걱정된다고, 도움이 필요하면 언제든 말하라고 이야기해 주세요. 이런 다정한 말 한 마디가 정말 도움이 많이 돼요.

_전 자살에 관해서 만큼은
유난을 떨어도 괜찮다고 생각해요.

상처가 될까 봐 물어보지도 못하고 망설이는 사이에 그 사람은 아무도 내 고통을 몰라준다는 생각에 절망하며 죽음을 택할 수도 있으니까요.

직접적으로 물어봤을 때 자살하고 싶다고 대답한다면, 혹은 본인은 부정하지만 보호자가 보기에 자살의 징후가 감지된다면 바로 병원에 도움을 요청하는 게 좋아요. 일단은 정신과를 찾아가 진료를 받는 게 가장 좋은데, 그게 어렵다면 자살 예방 기관에 전화해서 조언을 구하는 방법도 있어요.

그 밖에 그 자리에서 해 줄 수 있는 건, 자살을 계획하고 있는 사람의 곁을 떠나지 않고 같이 있어 주는 거예요. 뭔가를 말하고 싶어 한다면 공감하면서 잘 들어 주세요. 속마음을 꺼내 놓을 수 있도록 조심스럽게 질문을 하면서 대화를 이어 가는 것도 좋아요. 대신 조언이나 충고, 평가, 판단, 비난 같은 것들은 절대 해선 안 돼요. 최대한 차분하게 대응하면서 상대방의 이야기에 귀를 기울여 주세요.

지금 해야 할 일은 우울증 환자가 붙잡고 있는 그 가느다란 끈을 함께 힘껏 붙잡아 주는 것, 그뿐이에요.

part 10

구명보트를
핀으로 찔러서는
안 돼요

결국 사람이
구명보트예요 ✿·

    우울증을 앓고 있을 땐 주위 사람들에게 신경을 쓰는 게 쉽지 않아요. 멘탈이 약해져서 평소에는 별 문제가 되지 않았던 잔소리나 충고 같은 것들에 큰 상처를 받기도 하고, 반대로 사소한 일로 주위 사람들에게 화를 내거나 갈등을 일으키기도 하죠. 이러다 보면 사이가 나빠지고 심한 경우엔 관계가 끊기기도 해요.

    그런데 우울증에서 벗어나기 위해서는 궁극적으로 '사람'이 필요해요. 엄청 친할 필요도 없고 속마음을 털어놓는 사이일 필요도 없어요. 그냥 한 달에 한두 번 만나 커피 한잔 하는 정도라도 충분해요. 제 생각에 사람이 주는 온기는 햇빛이나 공기처럼 생존에 꼭 필요한 것 같아요. 사람은 태생적으로 '사회적 동물'이기 때문에 혼자가 되면 고립감이나 외로움을 느낄 수밖에 없거든요.

    저는 혼자서도 잘 놀고 친구의 필요성도 잘 모르던 사람이었어요. 은둔형 외톨이 생활을 오래 하면서도 딱히 괴롭다고 느낀 적도 없었고요. 그런데 어느 순간 제 안을 들여다보니 외로움이 너무 크게 자리 잡고 있는 거예요. 녹지 않는 얼음 기둥처럼, 외로움이 제 존재 한가운데 박혀 있었죠. 진짜 아팠어요. 그 얼음을 녹이기 위해 밖으로 나갔고 사람들을 만나기 시작했죠. 제게 '사람들'은 외로움을 말려 주는 햇볕이었어요. 덕분에 마음에 피었던 곰팡이들도 차츰 사라지기 시작했고 우울증 증세도 많이 좋아졌죠.

우울증 환자에겐 사람이 구명보트예요. 그러니 가능하다면 주위 사람들을 잘 지켜 나가야 해요. 『한낮의 우울』에서 앤드류 솔로몬도 비슷한 말을 한 적이 있어요.

_자기를 구해 줄 구명보트를
핀으로 찌르는 짓은 하지 말라.

우울증으로 힘들 때 저도 이 생각을 하면서 버텼어요. 주위 사람들이 우울증 자체를 이해하지 못하고 저에게 상처 주는 말과 잘못된 행동을 할 때, 반대로 주위 사람들에게 과도하게 의지하고 너무 많은 것을 바라다 실망하는 자신을 발견했을 때, 차라리 관계들을 모두 정리해 버리고 싶다는 충동이 많이 올라왔죠. 하지만 한 사람 한 사람이 저의 구명보트라 생각하며 버텼어요. 우울증과 싸우며 인간관계를 원만하게 해 나가는 것이 어렵긴 했지만, 상처를 주고받더라도 주위에 사람이 있는 게 우울증 치료를 위해서는 더 도움이 되더라고요. 사람들 때문에 힘들 때는 모든 약에는 부작용이 있는 거라고 생각하면서 자신을 달랬죠. 물론 너무 스트레스를 주는 관계라면 피해야 해요. 내가 해낼 수 있는 범위 안에서 관계들을 이어 나가는 정도면 충분하답니다.

관계를 유지하는 것이
새로 만드는 것보다 쉬워요 ✿

　우울증으로 일상생활에 영향을 많이 받고 있는 상태라면, 사람들과의 관계에서 적당히 거리를 두는 것도 나쁘지 않아요. 우울증 때문에 이래저래 힘든데 인간관계에까지 에너지를 쏟기가 현실적으로 어렵기도 하고요. 멘탈이 약해진 상태인지도 모르고 너무 가까운 거리에서 사람들이 훅 치고 들어와 충고, 잔소리, 비난 등을 쏟아 내면 우울증 환자 입장에선 큰 상처가 될 수도 있어요. 어떨 땐 즐겁고 밝게 잘 살아가는 사람들을 보는 것 자체가 상처가 될 때도 있죠. 이런 상황에선 연락을 조금 뜸하게 하면서 거리를 두는 것도 방법이에요.

　사실 알고 보면, 우울증 환자가 아니더라도 '인간관계'는 어려운 일이에요. 다른 이들과의 관계 때문에 고민하지 않는 사람은 아마 지구상에 한 명도 없을 걸요? 그럼 대체 구명보트 관리는 어떻게 해야 할까요?

　일단, 우울증에 대해 알려도 괜찮은 사이라면 사실을 알려 주고 혹시 앞으로 좀 소홀한 면을 보이더라도 병 때문에 그런 것이라 이해해 주었으면 좋겠다고 미리 양해를 구하세요. 증상이 심할 땐 몇 달씩 연락을 못 할 수도 있고 생일 같은 것들을 챙기지 못하거나 걸려

온 전화를 받지 못할 수도 있다고 자세히 설명해 주어도 좋겠죠.

우울증에 대해서도 설명해 주세요. 우울증은 어떤 병이고, 주로 어떤 증상들이 있는지, 현재 나의 상태는 어떤지, 어떤 노력들을 하고 있는지 등을 얘기해 주면 돼요. 상대가 병에 대해 좀 알고 나면 내가 평소와 다르게 행동할 때도 '사람이 변한 것 같아.' 이런 식의 오해는 하지 않을 거예요. 그리고 우울증에 대해 더 많이 알게 될수록 상대방도 내게 실수를 하거나 잘못된 행동을 하는 일이 적어질 테니 크고 작은 갈등을 미리 예방할 수 있을 거예요.

그럼에도 이런 관계들을 굳이 이어 가야 하나 하는 생각이 들지 몰라요. 하지만 몇 달에 한 번, 잊을 만하면 만나 저녁 정도 먹는 사이라도 없는 것보단 나아요. 가벼운 관계라고, 우울증 때문에 힘들다고 다 놓아 버리면 나중엔 밥 한 끼 함께 먹을 사람조차 한 명도 남지 않게 돼요. 새로운 관계를 만든다는 건 쉬운 일이 아니거든요.

_있는 관계를 그럭저럭 유지해 나가는 게
없는 관계를 새롭게 만드는 것보다 훨씬 쉬워요.

차라리 딸기 케이크에 대해
이야기하는 게 나아요 ♣.

우울증 때문에 심하게 무기력해지고 사람들을 피하려는 경우도 있지만, 다른 사람에게 의존하거나 집착하면서 자신의 감정이나 생각을 더 많이 발설하는 사람도 있어요. 친구들에게 자신이 느끼는 부정적인 생각이나 감정들을 계속 이야기하며 공감과 위로를 강요하거나, 우울증으로 인해 올라오는 분노와 절망감을 가족들에게 쏟아 내기도 하죠.

물론 억지로 참는 것보다는 말로 표현하는 게 치료에 더 도움이 될 수도 있어요. 하지만 주위 사람들은 전문가가 아니기 때문에 내가 불쑥 쏟아 내는 우울감이나 분노 같은 감정을 다루기가 힘들어요. 그러다 보면 주위 사람들은 우울증 환자를 점점 피하게 되죠. 그러면 결국 주위에 아무도 남지 않게 돼요.

_구명보트가 되어 줄 '사람들'이 사라지는 거죠.

힘든 걸 억지로 숨길 필요는 없지만 지나친 감정 표출은 자제하려고 노력하는 게 좋아요. 자기감정을 이야기하는 것은 괜찮지만 상대방이 부담스러워하거나 힘들어할 정도까지는 가면 안 돼요. 내 얘길 30분 했다면 상대방의 얘기도 30분은 들어 주면서 서로 소통하는 게 대화의 기본이기도 하고요.

이런 대화 방식은 상대방뿐만이 아니라 나 자신을 위해서도 도움이 돼요. 우울감이나 부정적인 생각을 자꾸 토로하다 보면 본인도 힘들거든요. 말로 내뱉는 순간 우울감을 다시 한 번 생생히 느껴야 하니까요. 부정적인 이야기들을 잔뜩 하고 나서 '나는 왜 이런 말밖에 못할까?' 하고 더 우울해지는 경우도 있죠. 이럴 땐 차라리 친구하고 야구 경기라든지 딸기 케이크가 맛있는 빵집이 어디 있다든지 하는 평범한 얘기들을 하는 게 더 나아요. 그렇게 즐겁게 수다를 떨면서 우울증에서 잠시라도 벗어나면 고통을 견뎌 낼 힘이 생기기도 하죠.

가족에게도 마찬가지예요. 제가 느끼는 감정들을 모두 부모님께 쏟아 냈다면 저도, 부모님도 너무 힘들었을 거예요. 부모님이 원인을 제공한 면도 분명히 있지만, 제가 감정 절제를 하지 않고 필요 이상으로 분노를 표출했다면 저도 부모님도 모두 상처만 받았겠죠. 그랬다면 부모님이 저를 무조건적으로 사랑해 주기도 힘들었을 거고, 안정적이고 즐거운 집안 분위기를 유지하기도 어려웠을 테니 결국 제 우울증만 더 악화되었을 거예요.

구명보트를 핀으로 찌르지 않도록 항상 조심하세요. 주위 사람들을 지켜 주는 게 결국은 나를 지키는 일이니까요.

주위 사람들이 붙잡을 수 있게
작은 희망을 주세요 ✿·

　우울증에 걸리면 아무리 노력한다고 해도 부정적인 이야기를 하거나 어두운 모습을 보일 수밖에 없어요. 그러다 보면 아무리 가까운 친구, 연인, 가족이라 하더라도 힘들어하는 순간이 오게 되죠. 주위 사람들이 우리를 위해 노력하는 만큼, 우리가 그들에게 해 줄 수 있는 가장 큰 보답은 우울증에서 벗어나기 위해 노력하는 거예요. 아주 기본적으로는 약을 잘 챙겨 먹는 것, 빠지지 않고 상담 치료를 받는 것, 일주일에 3번 이상은 운동을 하거나 밖에 나가 햇볕을 쬐는 것 등이 있겠죠.

　근데 우울증과의 싸움이 길어지다 보면 치료나 운동 등이 다 무슨 소용이 있나 싶은 날도 찾아오게 마련이에요. 열심히 노력해도 우울증은 당장 낫지 않고 현실은 계속 더 고통스러워지고⋯. 하지만 이런 노력들은 분명히 효과가 있어요. 그리고 또 하나, 내가 하는 이런 노력들은 나를 지켜 주고 돌봐 주는 사람들에게 커다란 심리적 안정감을 줘요. 우울증에 걸린 이가 나으려는 의지를 갖고 꾸준히 노력하는 모습을 보이면 옆에서 오랜 기간 환자를 돌봐야 하는 이들도 희망을 가지게 되죠.

　저는 우울증 환자의 입장과 우울증에 걸린 아빠를 지켜봐야 했던 가족의 입장, 이 두 가지 모두를 경험해 봤어요. 그런데 환자의 가족이 되어 우울증에 걸린 이를 그냥 지켜보고만 있자니 정말 미쳐 버리겠더라고요. 환자가 병원에도 가고 약도 먹으면 언젠가는 우울증에서 벗어날 거라는 희망이 생길 것 같은데, 모든 걸 거부하며 아무것도 안 하고 죽고 싶다고만 하는 사람을 무력하게 지켜만 봐야 하는 건 정말이지 너무 힘든 일이었어요.

우울증이라는 게 어떤 병인지를 겪어 봤으니 저러다가 치료 시기를 놓쳐서 나처럼 10년이고 20년이고 병이 계속되면 어쩌나, 저렇게 우울증의 고통을 혼자 견디다 어느 순간 자살을 시도하는 건 아닐까, 이런 걱정들 때문에 숨이 막힐 것 같았죠. 그제야 저의 부모님이 왜 저를 돌보다 우울증에 걸리게 되었는지 이해할 수 있었어요.

많은 보호자들은 애정을 가지고 환자의 옆을 지키고, 힘들어도 참고, 병이 나을 때까지 함께 노력해요. 그런데 환자 자신이 치료나 노력을 거부하면 주위 사람들은 병이 나을 거라는 희망을 가질 수 없기 때문에 그 길고 힘든 과정들을 버텨 낼 수가 없죠.

_그러니 곁에 있는 사람들을 위해서라도
최소한의 노력은 꼭 해 주세요.

병원에 다니고 약을 먹고, 하루에 한 끼라도 끼니를 챙기고, 상담도 꾸준히 받고, 운동이 힘들면 밖에 나가 햇볕이라도 잠깐 쬐고…. 효과가 있든 없든, 내가 할 수 있는 최소한의 것들을 해 주세요. 사랑하는 이들이 붙잡을 수 있게 부디 작은 희망을 만들어 주세요.

이제는
침묵하지
않을 거예요

영화 <알라딘> OST 앨범 중 'speechless'를 들으면서 우울증에 대해 말하고 싶다는 생각을 했어요. 우울증은 오랫동안 저를 질식시켰어요. 그런데 저는 아무 말도 할 수 없었죠. 그게 우울증 때문이라는 생각을 못 했거든요. 저 자신이 악취를 풍기며 썩어 가는 쓰레기라서, 스스로의 냄새에 질식하는 거라고만 생각했어요. 형편없는 성적을 받는 것도, 시험에 계속 떨어지는 것도, 사람들과 잘 어울리지 못하는 것도 전부 제 탓인 줄 알았어요.

우울증에서 벗어나기로 결심하고, 치유의 방법들을 찾고, 하나 둘 실천하면서 깨닫게 된 중요한 사실들이 몇 가지 있어요.

저는 꽤 괜찮은 사람이었어요. 그리고 제 인생은 난파했을지 몰라도 주변에는 살아갈 만한 무인도들이 분명 있었어요. 그런 사실을 알아차릴 수 없었던 건 우울증이 제 눈과 귀를 막고 손발을 묶어 두었기 때문이었죠. 우울증은 제 인생을 폐허로 만들어 놓고는 그 책임까지 저에게 돌렸던 거예요. 저는 피해자였는데, 그럼에도 침묵해야 했어요.

_이제, 더는 침묵하지 않으려 해요.

우울증이 다시 저를 자기혐오로 질식시키려 해도 저는 끝까지 숨쉬기를 멈추지 않을 거예요. 그리고 당당하게 제 인생을 살아 나갈 거예요. 지금 이 순간의 내 모습을 있는 그대로 긍정하고 앞으로 나아갈 거예요. 제가 좋아하는 것, 싫어하는 것, 하고 싶은 것, 하기 싫은 것을 이야기할 거예요. 불안감, 죄책감, 수치심이 저를 사로잡을 때도 이제는 더 이상 무너지지 않을 거예요. 우울증을 똑바로 바라보면서 이렇게 말할 거예요.

"우울증 너 혼자 날뛰는 거야. 사실은, 나도, 내 현실도 다 괜찮아."

지난 2년간의 짧다면 짧고, 길다면 긴 여행 끝에 저는 우울증에서 벗어날 수 있었어요. 지금은 아침에 일어나면 하루에 대한 설렘이 있고 하고 싶은 일들도 많이 생겼어요. 얼마 전 다른 이유로 병원에 갔을 때 심리 검사를 했는데 우울증이 아니라는 진단 결과도 받았고요. 예전처럼 부정적인 생각들을 통제할 수 없어서 고통받는 일도 사라진 지 한참 됐죠. 그동안 현실은 더 힘들어졌지만 제 마음은 더 편안해졌어요. 물론 우울증이 언제고 다시 찾아올 수도 있죠. 그래도 전 잘 이겨낼 수 있을 거예요. 이제는 방법도 알고, 마음의 면역도 생겼으니까요.

우울증 때문에 고통받고 있는 분들에게 이제는 목소리를 내 달라고 부탁하고 싶어요. 우울증이 나한테 이런 짓도 했다고, 나 이만큼 아프다고요. 이건 우리 잘못이 아니잖아요. 우울증이 잘못한 거죠. 모든 걸 자기 탓으로 돌리고 죄책감 느끼고 침묵하는 건 이제 그만두세요. '나'에 관해서, '나의 우울증'에 관해서 같이 이야기하고 함께 싸워 나갔으면 좋겠어요. 우울증에 맞서서 이긴 자기만의 노하우도 공유하면서요. 우울증에 걸렸던 사람들이 먼저 나서서 자신의 경험을 나눠 주면 길을 몰라 헤매는 분들이 조금씩 줄어들지 않을까 해요. 나의 우울증에 대해 이야기하다가, 남의 우울증에 대해 이야기를 듣다가, 우린 어쩌면 그렇게 자기만의 답을 찾게 될지도 몰라요.

　　이게 저의 우울증에 관한 이야기예요. 이제 여러분이 이야기를 시
작할 차례입니다.

우울의 바다에
구명보트 띄우는 법

판 1쇄 인쇄 2021년 5월 10일
판 1쇄 발행 2021년 5월 20일

지 은 이 ㅣ 오렌지나무
펴 낸 이 ㅣ 이정훈·정택구
책임편집 ㅣ 박현아

펴 낸 곳 ㅣ ㈜혜다
출판등록 ㅣ 2017년 7월 4일(제406-2017-000095호)
주   소 ㅣ 경기도 고양시 일산동구 태극로11 102-1005
대표전화 ㅣ 031-901-7810
팩   스 ㅣ 0303-0955-7810
홈페이지 ㅣ www.hyedabooks.co.kr
이 메 일 ㅣ hyeda@hyedabooks.co.kr

디 자 인 ㅣ studio 213ho
인   쇄 ㅣ ㈜재능인쇄

저작권 ©2021 오렌지나무
편집저작권 ©2021 ㈜혜다
ISBN 979-11-91183-05-4 (03180)